skole - σχολείο	2
rejse - ταξίδι	5
transport - μεταφορά	8
by - πόλη	10
landskab - τοπίο	14
restaurant - εστιατόριο	17
supermarked - σούπερ μάρκετ	20
drikkevarer - ποτά	22
mad - φαγητό	23
bondegård - αγρόκτημα	27
hus - σπίτι	31
stue - σαλόνι	33
køkken - κουζίνα	35
badeværelse - μπάνιο	38
børneværelse - παιδικό δωμάτιο	42
tøj - ρούχα	44
kontor - γραφείο	49
økonomi - οικονομία	51
erhverv - επαγγέλματα	53
værktøj - εργαλεία	56
musikinstrumenter - μουσικά όργανα	57
zoo - ζωολογικός κήπος	59
sport - αθλήματα	62
aktiviteter - δραστηριότητες	63
familie - οικογένεια	67
krop - σώμα	68
sygehus - νοσοκομείο	72
nødstilfælde - έκτακτη ανάγκη	76
Jorden - Γη	77
ur - ρολόι	79
uge - εβδομάδα	80
år - έτος	81
former - σχήματα	83
farver - χρώματα	84
modsætninger - αντίθετα	85
tal - αριθμοί	88
sprog - γλώσσες	90
hvem / hvad / hvordan - ποιος / τι / πως	91
hvor - που	92

Impressum
Verlag: BABADADA GmbH, Nedderfeld 112 , 22529 Hamburg
Geschäftsführer / Verlagsleitung: Harald Hof
Druck: Books on Demand GmbH, In de Tarpen 42, 22848 Norderstedt

Imprint
Publisher: BABADADA GmbH, Nedderfeld 112 , 22529 Hamburg, Germany
Managing Director / Publishing direction: Harald Hof
Print: Books on Demand GmbH, In de Tarpen 42, 22848 Norderstedt

skole

σχολείο

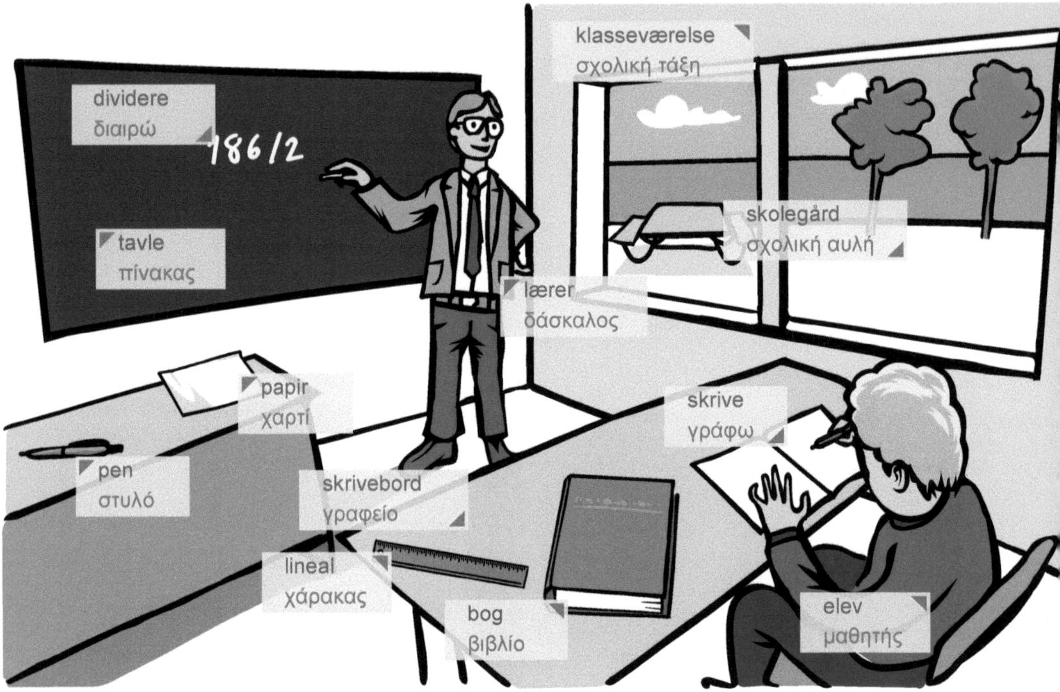

klasseværelse
σχολική τάξη
dividere
διαιρώ
186/2
tavle
πίνακας
skolegård
σχολική αυλή
lærer
δάσκαλος
papir
χαρτί
skrive
γράφω
pen
στυλό
skrivebord
γραφείο
lineal
χάρακας
bog
βιβλίο
elev
μαθητής

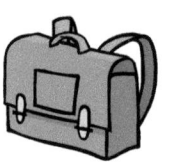

skoletaske

σχολική τσάντα

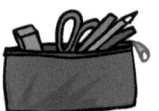

penalhus

κασετίνα/ μολυβοθήκη

blyant

μολύβι

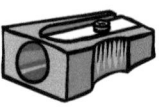

blyantspidser

ξύστρα

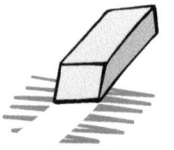

viskelæder

γόμα

tegneblok

μπλοκ ζωγραφικής

tegning

ζωγραφική

pensel

πινέλο

æske med vandfarver

κουτί χρωμάτων

saks

ψαλίδι

lim

κόλλα

opgavehefte

τετράδιο ασκήσεων

lektie

εργασία για το σπίτι

tal

αριθμός

addere

προσθέτω

subtrahere

αφαιρώ

multiplicere

πολλαπλασιάζω

regne

υπολογίζω

bogstav

γράμμα

alfabet

αλφάβητο

ord

λέξη

tekst

κείμενο

læse

διαβάζω

kridt

κιμωλία

time

μάθημα

klasseprotokol

εγγράφομαι

eksamen

τεστ

karakterbog

πιστοποιητικό

skoleuniform

μαθητική στολή

uddannelse

εκπαίδευση

leksikon

εγκυκλοπαίδεια

universitet

πανεπιστήμιο

mikroskop

μικροσκόπιο

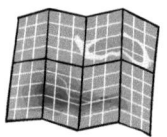

kort

χάρτης

papirkurv

καλάθι αχρήστων

skole - σχολείο

rejse
ταξίδι

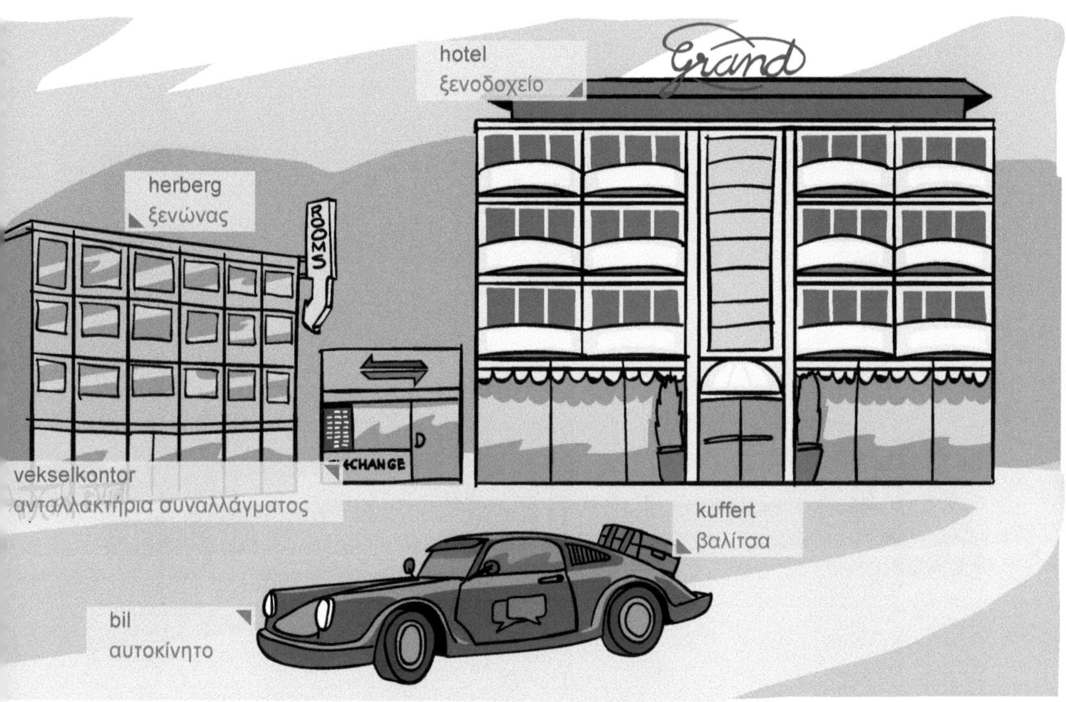
hotel
ξενοδοχείο
Grand
herberg
ξενώνας
ROOMS
EXCHANGE
vekselkontor
ανταλλακτήρια συναλλάγματος
kuffert
βαλίτσα
bil
αυτοκίνητο

sprog
γλώσσα

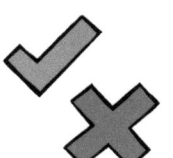

ja / nej
ναι / όχι

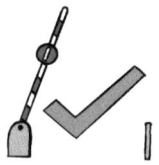

okay
εντάξει

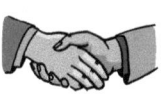

hej
γεια σου

oversætter
μεταφραστής

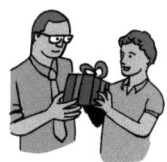

tak
Ευχαριστώ

hvad koster…?

πόσο κάνει ;

Jeg forstår ikke

Δε καταλαβαίνω

problem

πρόβλημα

God aften!

Καλησπέρα!

God morgen!

Καλημέρα!

God nat!

Καληνύχτα!

farvel

Αντίο

retning

κατεύθυνση

bagage

αποσκευές

taske

τσάντα

rygsæk

σακίδιο πλάτης

gæst

καλεσμένος

værelse

δωμάτιο

sovepose

υπνόσακος

telt

σκηνή

turistinformation
τουριστικές πληροφορίες

strand
παραλία

kreditkort
πιστωτική κάρτα

morgenmad
πρωινό

middagsmad
μεσημεριανό

aftensmad
δείπνο

billet
εισιτήριο

elevator
ανελκυστήρας

frimærke
γραμματόσημο

grænse
σύνορα

told
τελωνείο

ambassade
πρεσβεία

visum
βίζα

pas
διαβατήριο

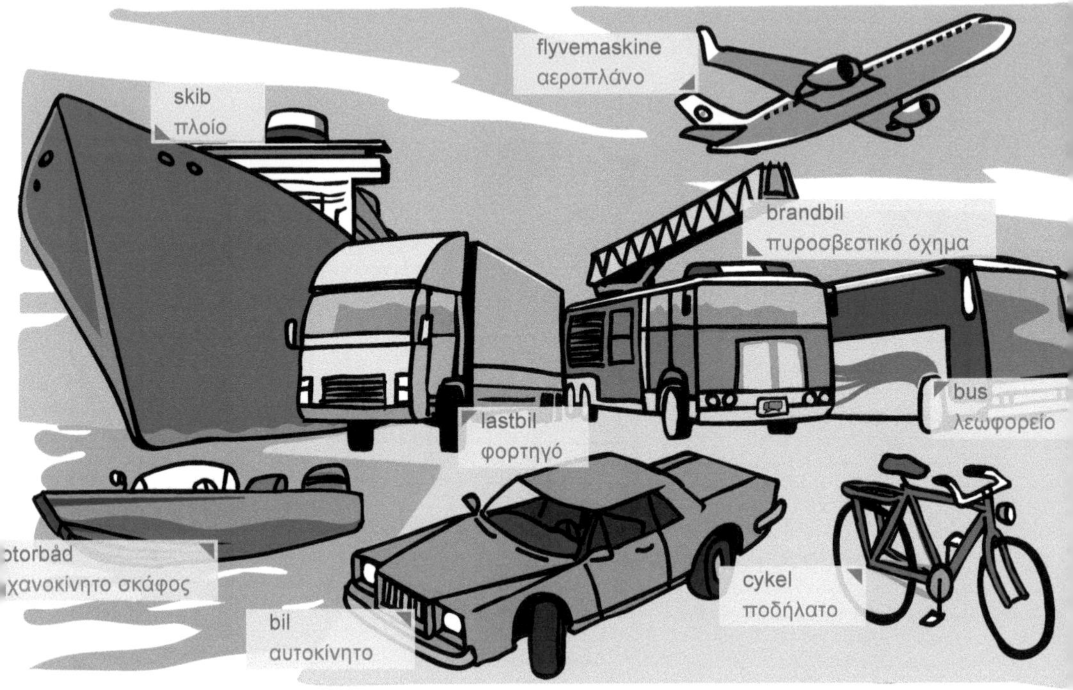

flyvemaskine
αεροπλάνο

skib
πλοίο

brandbil
πυροσβεστικό όχημα

lastbil
φορτηγό

bus
λεωφορείο

motorbåd
μηχανοκίνητο σκάφος

cykel
ποδήλατο

bil
αυτοκίνητο

færge

φεριμπότ

båd

βάρκα

motorcykel

μοτοσικλέτα

politibil

περιπολικό

racerbil

αγωνιστικό αυτοκίνητο

lejebil

ενοικιαζόμενο αυτοκίνητο

samkørsel
διαμοιρασμός αυτοκινήτων

kranbil
γερανός

skraldebil
απορριμματοφόρο

motor
κινητήρας

benzin
καύσιμο

tankstation
βενζινάδικο

trafikskilt
πινακίδα σήμανσης

trafik
κυκλοφορία

trafikprop
κυκλοφοριακή συμφόρηση

parkeringsplads
χώρος στάθμευσης

banegård
σιδηροδρομικός σταθμός

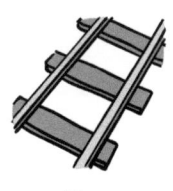

skinner
σιδηροδρομικές γραμμές

tog
τρένο

sporvogn
τραμ

wagon
βαγόνι

helikopter

ελικόπτερο

lufthavn

αεροδρόμιο

tårn

πύργος

passager

επιβάτης

container

εμπορευματοκιβώτιο

karton

χαρτοκιβώτιο

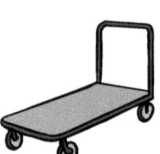

kærre

καρότσι

kurv

καλάθι

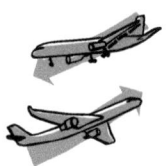

starte / lande

απογειώνομαι /
προσγειόνομαι

by

πόλη

landsby

χωριό

bymidte

κέντρο της πόλης

hus

σπίτι

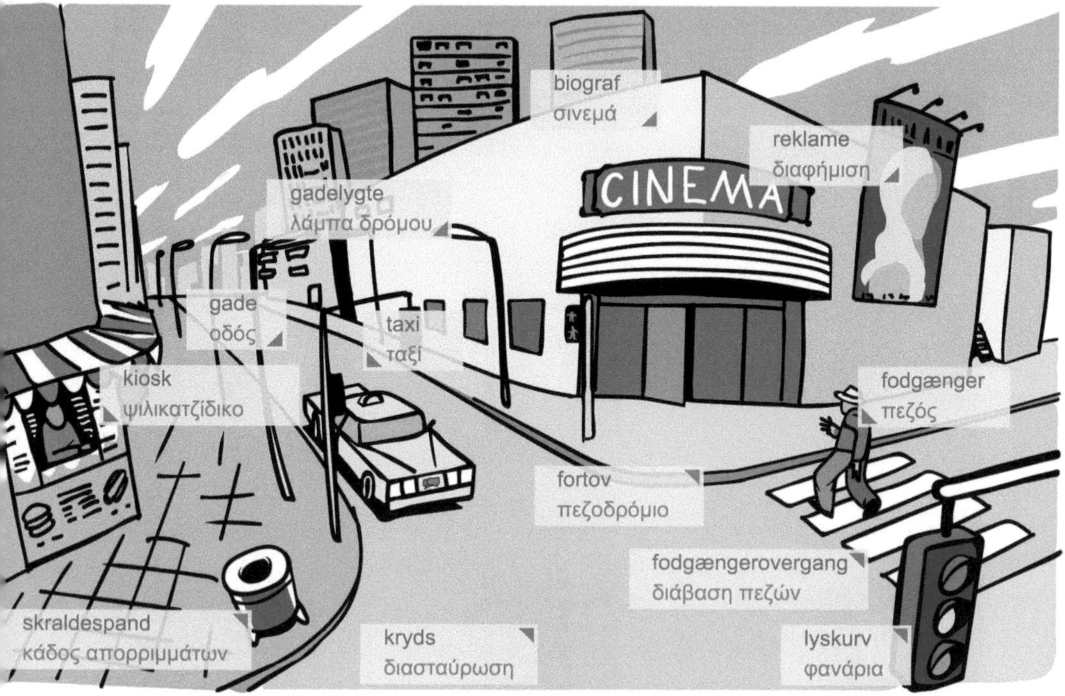

biograf
σινεμά

reklame
διαφήμιση

gadelygte
λάμπα δρόμου

CINEMA

gade
οδός

taxi
ταξί

kiosk
ψιλικατζίδικο

fodgænger
πεζός

fortov
πεζοδρόμιο

fodgængerovergang
διάβαση πεζών

skraldespand
κάδος απορριμμάτων

kryds
διασταύρωση

lyskurv
φανάρια

hytte

καλύβα

lejlighed

διαμέρισμα

banegård

σιδηροδρομικός σταθμός

rådhus

δημαρχείο

museum

μουσείο

skole

σχολείο

universitet

πανεπιστήμιο

bank

τράπεζα

sygehus

νοσοκομείο

hotel

ξενοδοχείο

apotek

φαρμακείο

kontor

γραφείο

boghandel

βιβλιοπωλείο

butik

κατάστημα

blomsterbutik

ανθοπωλείο

supermarked

σούπερ μάρκετ

marked

αγορά

stormagasin

πολυκατάστημα

fiskehandler

ιχθυοπωλείο

butikscenter

εμπορικό κέντρο

havn

λιμάνι

park

πάρκο

bænk

παγκάκι

bro

γέφυρα

trappe

σκάλες

undergrundsbane

μετρό

tunnel

τούνελ

busstoppested

στάση λεωφορείου

barnevogn

μπαρ

restaurant

εστιατόριο

postkasse

γραμματοκιβώτιο

vejskilt

πινακίδα δρόμου

parkometer

παρκόμετρο

zoo

ζωολογικός κήπος

badeanstalt

πισίνα

moske

τζαμί

bondegård
αγρόκτημα

miljøforurening
ρύπανση

kirkegård
νεκροταφείο

kirke
εκκλησία

legeplads
παιδική χαρά

tempel
ναός

landskab

τοπίο

blad
φύλλο

vejviser
πινακίδα κατεύθυνσης

vej
δρόμος

eng
λιβάδι

sten
πέτρα

træ
δέντρο

vandrer
πεζοπόρος

flod
ποτάμι

græs
χορτάρι

blomst
λουλούδι

dal
κοιλάδα

bjerg
λόφος

sø
λίμνη

skov
δάσος

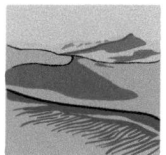

ørken
έρημος

vulkan
ηφαίστειο

slot
κάστρο

regnbue
ουράνιο τόξο

svamp
μανιτάρι

palme
φοίνικας

moskito
κουνούπι

flue
μύγα

myre
μυρμήγκι

bi
μέλισσα

edderkop
αράχνη

bille

σκαθάρι

frø

βάτραχος

egern

σκίουρος

pindsvin

σκαντζόχοιρος

hare

λαγός

ugle

κουκουβάγια

fugl

πουλί

svane

κύκνος

vildsvin

αγριογούρουνο

hjort

ελάφι

elg

άλκη

dæmning

φράγμα

vindmølle

ανεμογεννήτρια

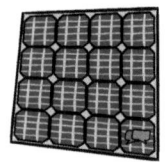

solcellemodul

ηλιακός συλλέκτης

klima

κλίμα

restaurant

εστιατόριο

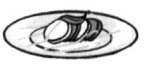

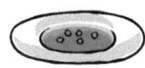

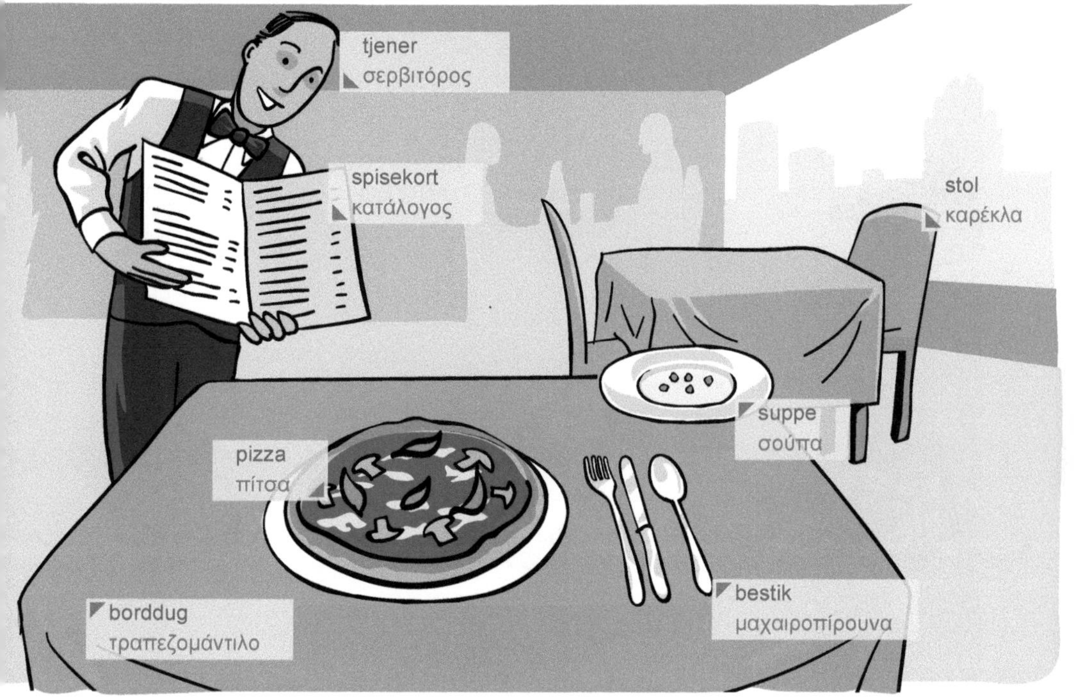
tjener
σερβιτόρος
spisekort
κατάλογος
stol
καρέκλα
suppe
σούπα
pizza
πίτσα
bestik
μαχαιροπίρουνα
borddug
τραπεζομάντιλο

forret

ορεκτικό

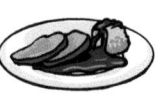

hovedret

κύριο πιάτο

dessert

επιδόρπιο

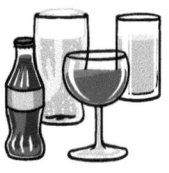

drikkevarer

ποτά

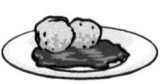

mad

φαγητό

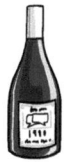

flaske

μπουκάλι

fastfood

φαστ φουντ

streetfood

φαγητό στ' όρθιο

tekande

τσαγιέρα

sukkerdåse

δοχείο ζάχαρης

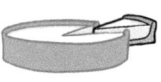

portion

μερίδα

espressomaskine

μηχανή εσπρέσο

barnestol

ψηλή καρέκλα

faktura

λογαριασμός

tablet

δίσκος

kniv

μαχαίρι

gaffel

πιρούνι

ske

κουτάλι

teske

κουταλάκι του τσαγιού

serviet

πετσέτα φαγητού

glas

ποτήρι

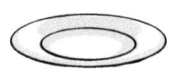

tallerken

πιάτο

dyb tallerken

πιάτο σούπας

underkop

πιατάκι φλιτζανιού

sovs

σάλτσα

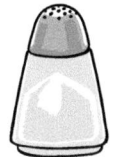

saltbøsse

αλατιέρα

peberkværn

μύλος για πιπέρι

eddike

ξύδι

olie

λάδι

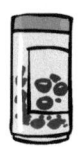

krydderier

μπαχαρικά

ketchup

κέτσαπ

sennep

μουστάρδα

mayonnaise

μαγιονέζα

supermarked

σούπερ μάρκετ

tilbud
προσφορά
FOR
kunde
πελάτης
mælkeprodukter
γαλακτοκομικά προϊόντα
frugt
φρούτα
indkøbsvogn
καρότσι για ψώνια

BUTCHERS

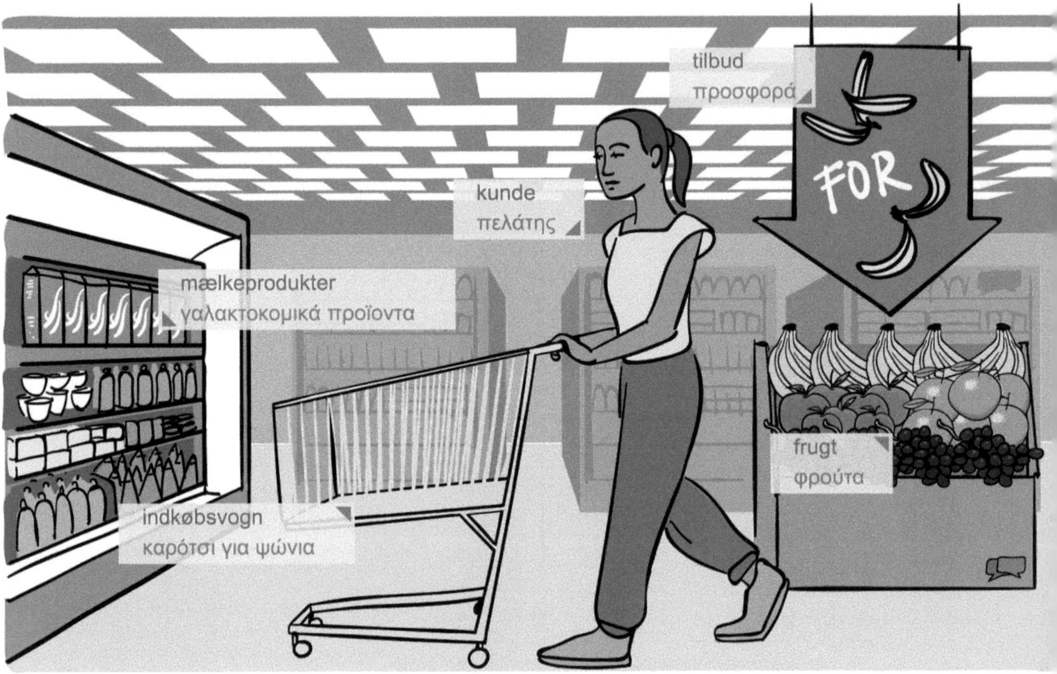

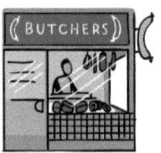

slagter

κρεοπωλείο

BAKERY

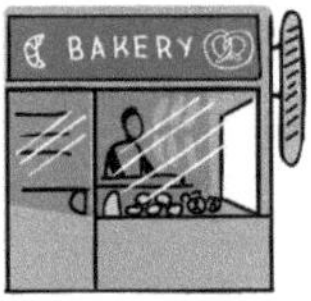

bageri

φούρνος

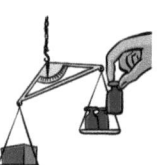

veje

ζυγίζω

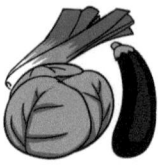

grøntsager

λαχανικά

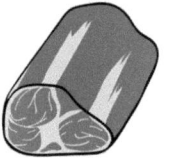

kød

κρέας

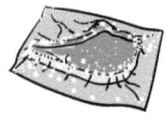

frostvarer

κατεψυγμένα τρόφιμα

pålæg
αλλαντικά

konserves
κονσερβοποιημένη τροφή

vaskemiddel
απορρυπαντικό ρούχων

slik
γλυκά

husholdningsvarer
οικιακά είδη

rengøringsmidler
καθαριστικά προϊόντα

ekspedient
πωλήτρια

kasse
ταμείο

kasserer
ταμίας

indkøbsliste
λίστα για ψώνια

åbningstider
ωράριο λειτουργίας

tegnebog
πορτοφόλι

kreditkort
πιστωτική κάρτα

taske
τσάντα

plasticpose
πλαστική σακούλα

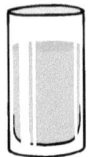

vand

νερό

saft

χυμός

mælk

γάλα

cola

κόκα κόλα

vin

κρασί

øl

μπίρα

alkohol

αλκοόλ

kakao

κακάο

te

τσάι

kaffe

καφές

espresso

εσπρέσο

cappuccino

καπουτσίνο

banan

μπανάνα

æble

μήλο

appelsin

πορτοκάλι

melon

πεπόνι

citron

λεμόνι

gulerod

καρότο

hvidløg

σκόρδο

bambus

μπαμπού

løg

κρεμμύδι

svamp

μανιτάρι

nødder

ξηροί καρποί

nudler

νουντλς

spaghetti

μακαρόνια

ris

ρύζι

salat

σαλάτα

pomfritter

πατατάκια

stegte kartofler

τηγανητές πατάτες

pizza

πίτσα

hamburger

χάμπουργκερ

sandwich

σάντουιτς

schnitzel

κοτολέτα

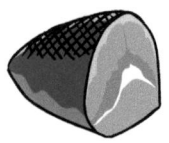

skinke

ζαμπόν

salami

σαλάμι

pølse

λουκάνικο

kylling

κοτόπουλο

steg

ψητό

fisk

ψάρι

mad - φαγητό

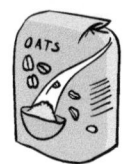

havregryn

χυλός βρώμης

mysli

μούσλι

cornflakes

κορν φλέικς

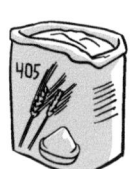

mel

αλεύρι

croissant

κρουασάν

rundstykke

ψωμάκι

brød

ψωμί

toast

τοστ

kiks

μπισκότα

smør

βούτυρο

kvark

τυρόπηγμα

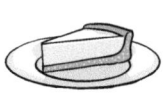

kage

κέικ

æg

αυγό

spejlæg

τηγανητό αυγό

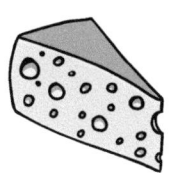

ost

τυρί

is

παγωτό

sukker

ζάχαρη

honning

μέλι

marmelade

μαρμελάδα

nougat-creme

άλλειμμα σοκολάτας

karry

κάρυ

mad - φαγητό

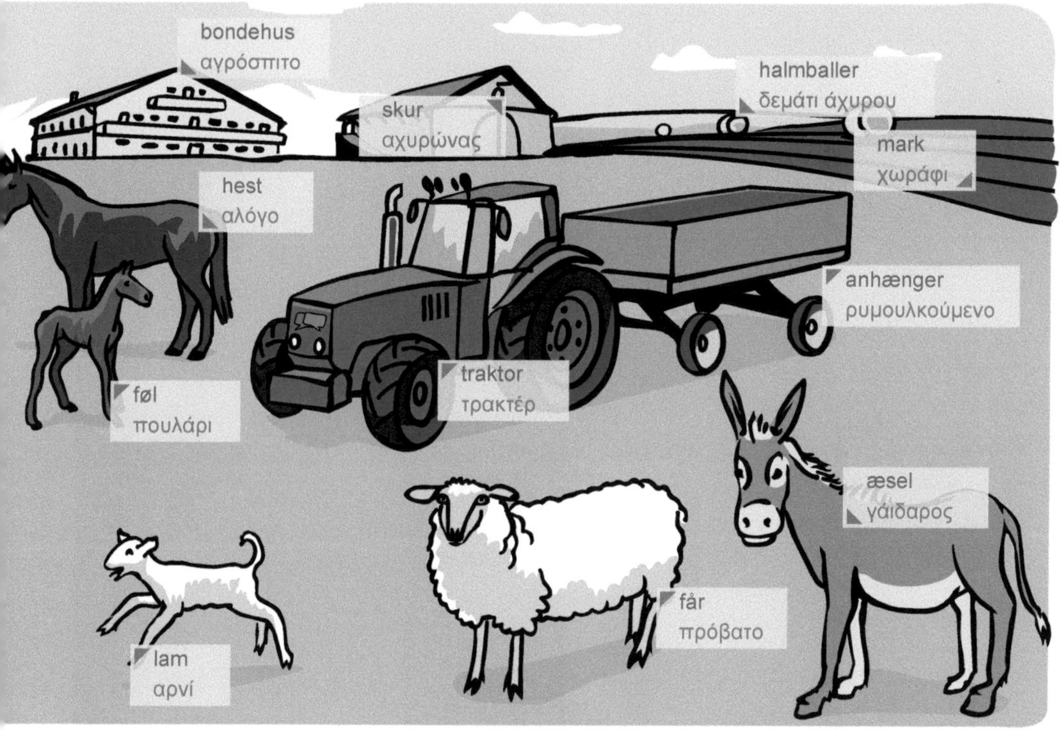

bondehus
αγρόσπιτο

halmballer
δεμάτι άχυρου

skur
αχυρώνας

mark
χωράφι

hest
αλόγο

anhænger
ρυμουλκούμενο

føl
πουλάρι

traktor
τρακτέρ

æsel
γάιδαρος

lam
αρνί

får
πρόβατο

ged

κατσίκα

ko

αγελάδα

kalv

μοσχαράκι

svin

γουρούνι

gris

γουρουνάκι

tyr

ταύρος

gås

χήνα

and

πάπια

kylling

κοτοπουλάκι

høne

κότα

hane

κόκορας

rotte

αρουραίος

kat

γάτα

mus

ποντίκι

okse

βόδι

hund

σκύλος

hundehus

σπιτάκι σκύλου

haveslange

λάστιχο κήπου

vandkande

ποτιστήρι

le

θεριστήρι

plov

αλέτρι

segl
δρεπάνι

hakkejern
τσάπα

møggreb
δίκρανο

økse
τσεκούρι

trillebør
χειράμαξα

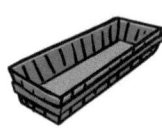

trug
ταΐστρα

mælkekande
δοχείο γάλακτος

sæk
σάκος

hæk
φράχτης

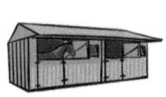

stald
στάβλος

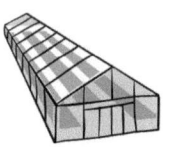

drivhus
θερμοκήπιο

jord
έδαφος

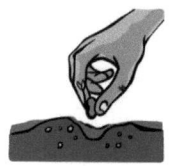

frø
σπόρος

gødning
λίπασμα

mejetærsker
θεριζοαλωνιστική μηχανή

bondegård - αγρόκτημα

høste

θερίζω

høst

συγκομιδή

yams

γιαμς

hvede

σιτάρι

soja

σόγια

kartoffel

πατάτα

majs

καλαμπόκι

raps

κράμβη

frugttræ

οπωροφόρο δέντρο

maniok

μανιόκα

korn

δημητριακά

bondegård - αγρόκτημα

hus

σπίτι

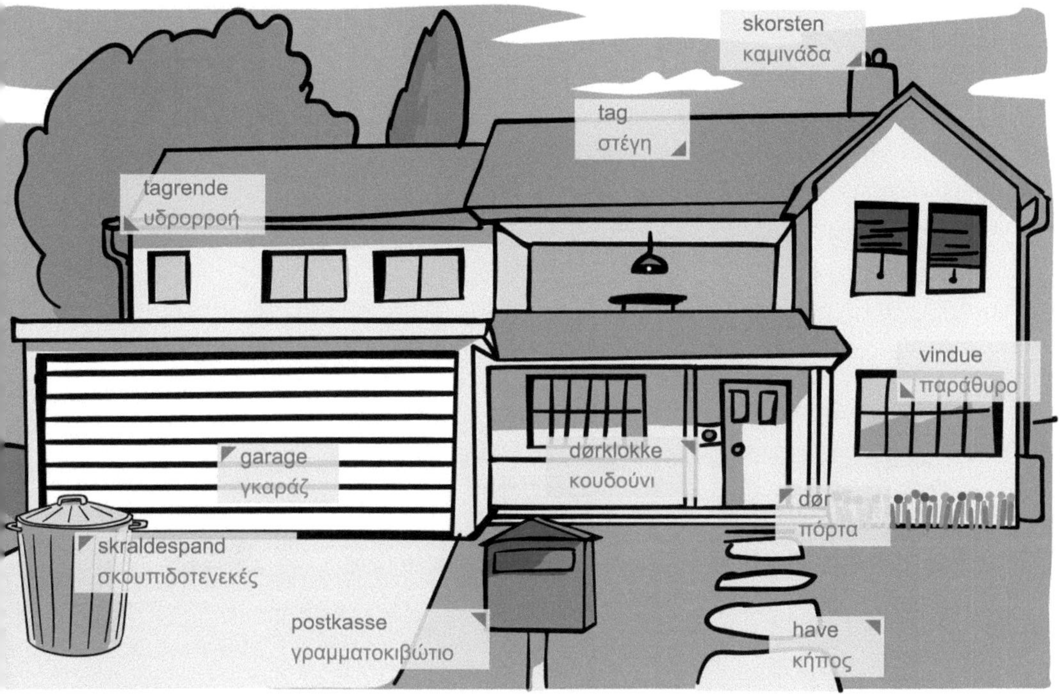
skorsten
καμινάδα
tag
στέγη
tagrende
υδρορροή
vindue
παράθυρο
garage
γκαράζ
dørklokke
κουδούνι
dør
πόρτα
skraldespand
σκουπιδοτενεκές
postkasse
γραμματοκιβώτιο
have
κήπος

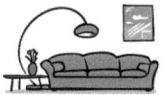

stue

σαλόνι

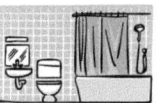

badeværelse

μπάνιο

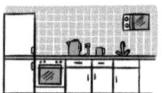

køkken

κουζίνα

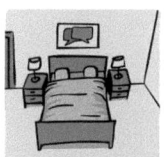

soveværelse

υπνοδωμάτιο

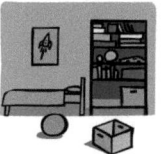

børneværelse

παιδικό δωμάτιο

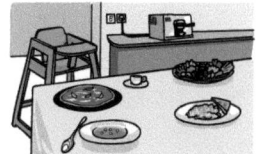

spisestue

τραπεζαρία

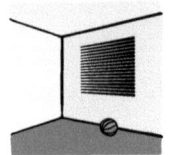

gulv

πάτωμα

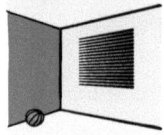

væg

τοίχος

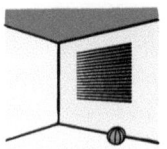

loft

οροφή

kælder

κελάρι

sauna

σάουνα

altan

μπαλκόνι

terrasse

βεράντα

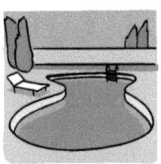

svømmehal

πισίνα

plæneklipper

μηχανή του γκαζόν

dynebetræk

σεντόνι

dyne

κάλυμμα κρεβατιού

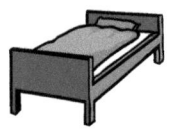

seng

κρεβάτι

kost

σκούπα

spand

κουβάς

kontakt

διακόπτης

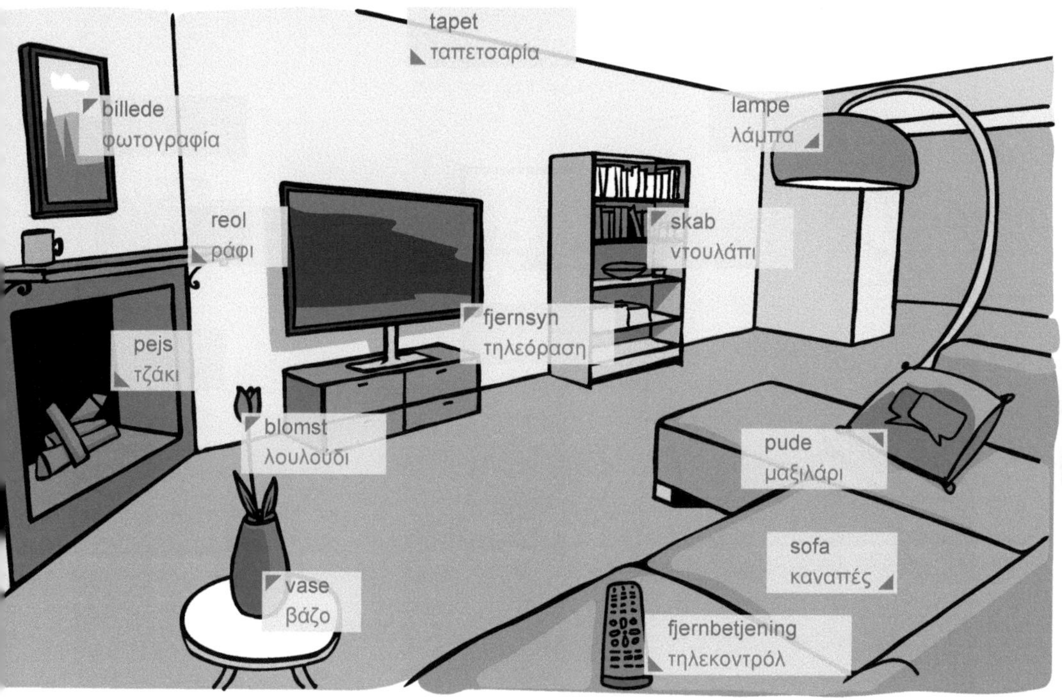

tapet
ταπετσαρία

billede
φωτογραφία

lampe
λάμπα

reol
ράφι

skab
ντουλάπι

pejs
τζάκι

fjernsyn
τηλεόραση

blomst
λουλούδι

pude
μαξιλάρι

sofa
καναπές

vase
βάζο

fjernbetjening
τηλεκοντρόλ

gulvtæppe
χαλί

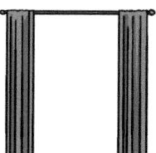

gardin
κουρτίνα

bord
τραπέζι

stol
καρέκλα

gyngestol
κουνιστή πολυθρόνα

lænestol
πολυθρόνα

bog

βιβλίο

tæppe

κουβέρτα

dekoration

διακόσμηση

brænde

καυσόξυλα

film

ταινία

stereoanlæg

στερεοφωνικό σύστημα

nøgle

κλειδί

avis

εφημερίδα

maleri

πίνακας ζωγραφικής

plakat

αφίσα

radio

ραδιόφωνο

notesblok

σημειωματάριο

støvsuger

ηλεκτρική σκούπα

kaktus

κάκτος

lys

κερί

køkken
κουζίνα

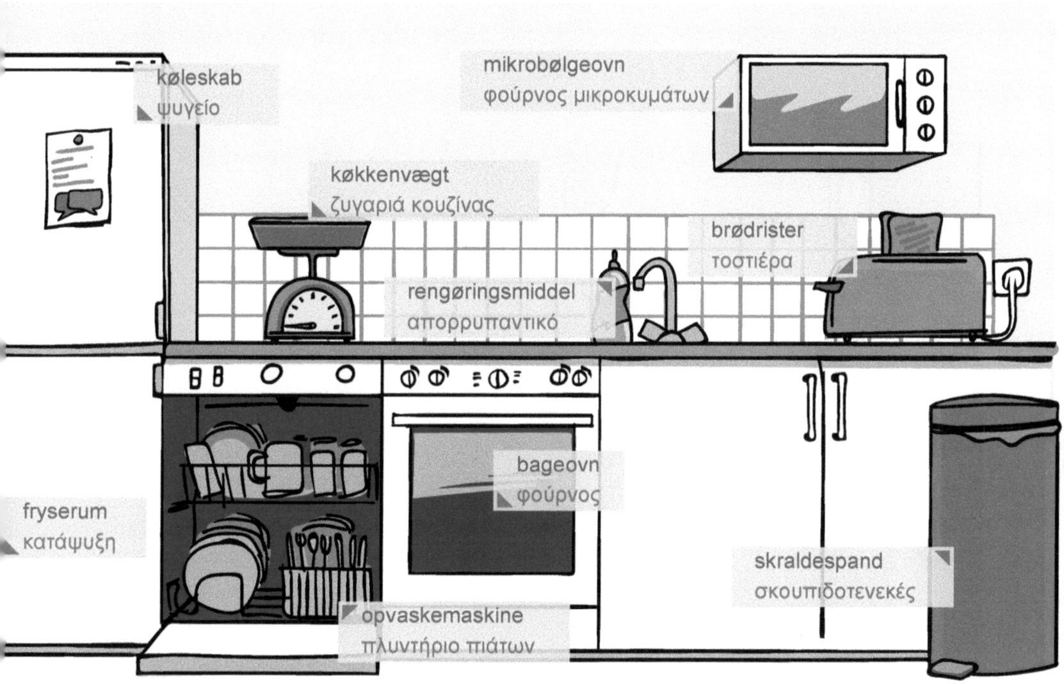
køleskab
ψυγείο
mikrobølgeovn
φούρνος μικροκυμάτων
køkkenvægt
ζυγαριά κουζίνας
brødrister
τοστιέρα
rengøringsmiddel
απορρυπαντικό
bageovn
φούρνος
fryserum
κατάψυξη
skraldespand
σκουπιδοτενεκές
opvaskemaskine
πλυντήριο πιάτων

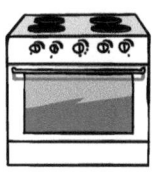

komfur
κουζίνα

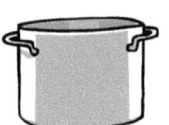

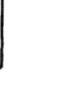

gryde
κατσαρόλα

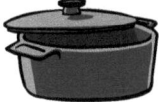

jerngryde
μαντεμένια κατσαρόλα

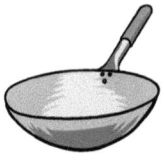

wok / kadai
γουόκ/καντάι

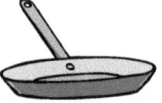

pande
τηγάνι

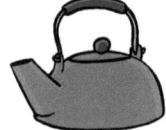

elkedel
βραστήρας

dampkoger

ατμομάγειρας

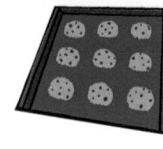

bageplade

ταψί

service

πιατικά

bæger

κούπα

skål

μπολ

spisepinde

ξυλάκια

øseske

κουτάλα

paletkniv

σπάτουλα

piskeris

ανακατεύω

dørslag

σουρωτήρι

si

σουρωτηράκι

rive

τρίφτης

morter

γουδί

grille

ψησταριά

ildsted

ανοιχτή φωτιά

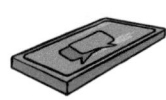

skærebræt

σανίδα κοπής

kagerulle

πλάστης

proptrækker

ανοιχτήρι φελλών

dåse

κονσέρβα

dåseåbner

ανοιχτήρι κονσέρβας

grydelap

γάντι φούρνου

køkkenvask

νεροχύτης

børste

βούρτσα

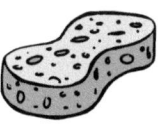

svamp

σφουγγάρι

blender

μπλέντερ

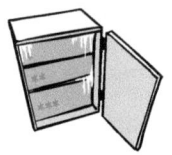

dybfryser

καταψύκτης

sutteflaske

μπιμπερό

vandhane

βρύση

badeværelse

μπάνιο

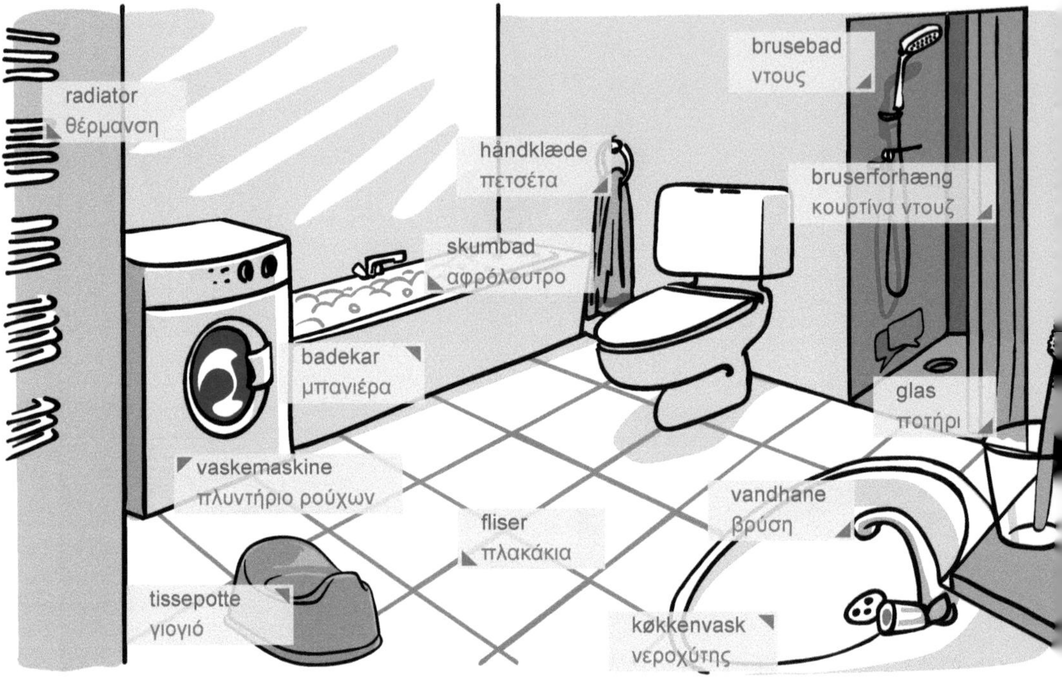

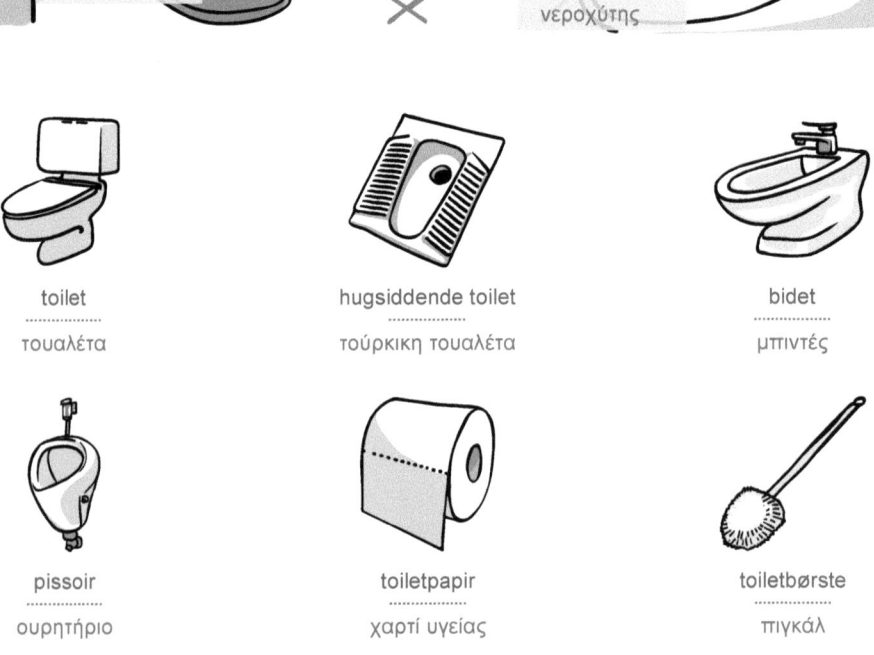

radiator
θέρμανση
brusebad
ντους
håndklæde
πετσέτα
bruserforhæng
κουρτίνα ντουζ
skumbad
αφρόλουτρο
badekar
μπανιέρα
glas
ποτήρι
vaskemaskine
πλυντήριο ρούχων
vandhane
βρύση
fliser
πλακάκια
tissepotte
γιογιό
køkkenvask
νεροχύτης

toilet

τουαλέτα

hugsiddende toilet

τούρκικη τουαλέτα

bidet

μπιντές

pissoir

ουρητήριο

toiletpapir

χαρτί υγείας

toiletbørste

πιγκάλ

tandbørste

οδοντόβουρτσα

tandpasta

οδοντόκρεμα

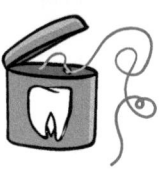

tandtråd

οδοντικό νήμα

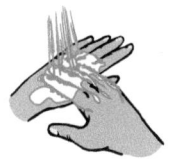

vaske

πλένω

håndbruser

τηλέφωνο ντους

intimbruser

ντουσιέρα

vaskefad

λεκάνη

badebørste

βούρτσα πλάτης

sæbe

σαπούνι

brusegele

αφρόλουτρο

shampoo

σαμπουάν

vaskeklud

φανέλα

afløb

σιφόνι

creme

κρέμα

deodorant

αποσμητικό

spejl

καθρέφτης

kosmetikspejl

καθρέφτης χειρός

barberhøvl

ξυραφάκι

barberskum

αφρός ξυρίσματος

barbervand

αφτερσέιβ

kam

χτένα

børste

βούρτσα

hårtørrer

σεσουάρ

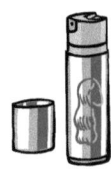

hårspray

λακ

makeup

μακιγιάζ

læbestift

κραγιόν

neglelak

βερνίκι νυχιών

vat

βαμβάκι

neglesaks

ψαλίδι νυχιών

parfume

άρωμα

toilettaske

νεσεσέρ

skammel

σκαμπό

vægt

ζυγαριά

badekåbe

μπουρνούζι

gummihandsker

ελαστικά γάντια

tampon

ταμπόν

damebind

πετσέτα υγιεινής

kemisk toilet

χημική τουαλέτα

børneværelse
παιδικό δωμάτιο

vækkeur
ξυπνητήρι
bamse
λούτρινο ζωάκι
legetøjsbil
αυτοκινητάκι
skralde
κουδουνίστρα
dukkehus
κουκλόσπιτο
gave
δώρο

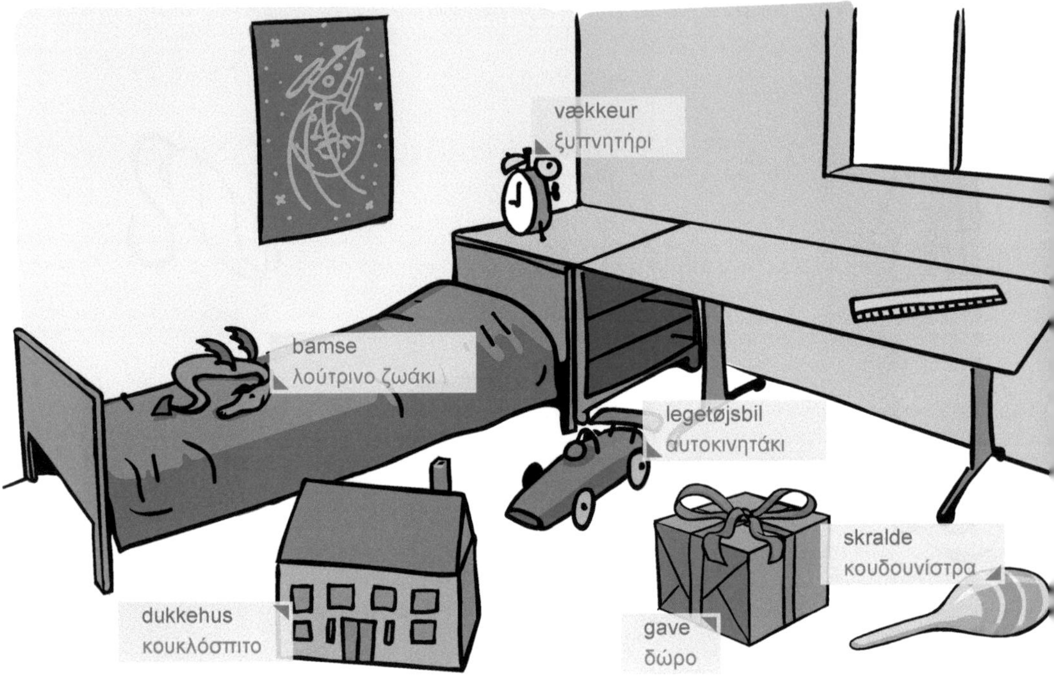

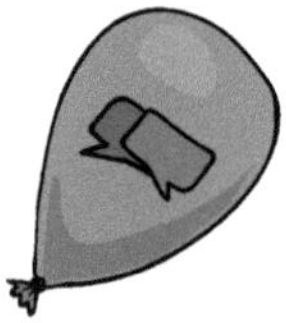

ballon
μπαλόνι

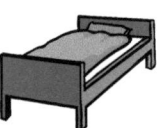

seng
κρεβάτι

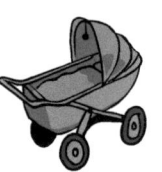

barnevogn
καροτσάκι

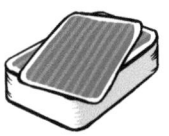

kortspil
τράπουλα

puslespil
παζλ

SUPER
MEGA

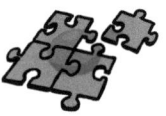

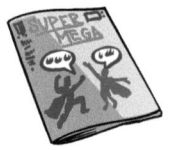

tegneserie
κόμικς

legoklodser

τουβλάκια lego

byggeklodser

τουβλάκια κατασκευών

action figur

φιγούρα δράσης

sparkedragt

βρεφικό φορμάκι

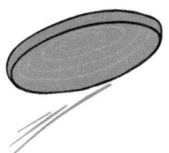

frisbee

φρίσμπι

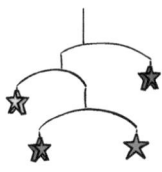

uro

μόμπιλο

brætspil

επιτραπέζιο παιχνίδι

terning

ζάρια

modeljernbane

σετ τρενάκι

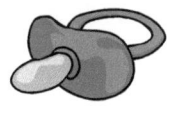

sut

πιπίλα

fest

πάρτι

billedbog

εικονογραφημένο βιβλίο

bold

μπάλα

dukke

κούκλα

lege

παίζω

sandkasse

σκάμμα με άμμο

gynge

κούνια

legetøj

παιχνίδια

spillekonsol

κονσόλα βιντεοπαιχνιδιών

trehjulet cykel

τρίκυκλο

bamse

αρκουδάκι

klædeskab

ντουλάπα

tøj

ρούχα

sokker

κάλτσες

strømper

καλτσοδέτες

strømpebukser

καλσόν

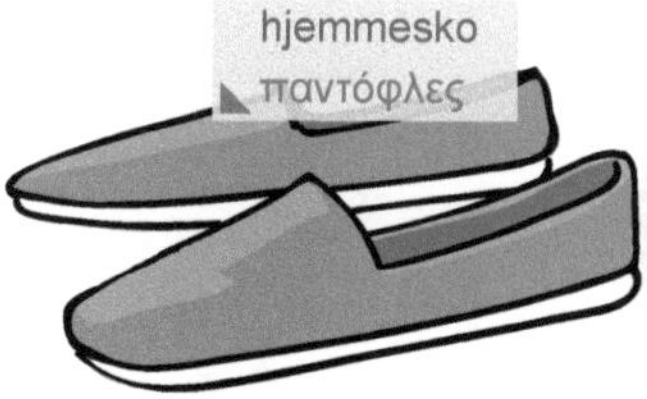

sjal
κασκόλ

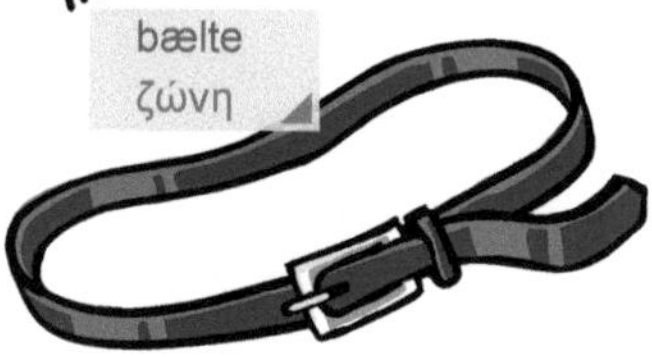

paraply
ομπρέλα

T-shirt
μπλουζάκι

bælte
ζώνη

støvler
μπότες

hjemmesko
παντόφλες

sneakers
αθλητικά παπούτσια

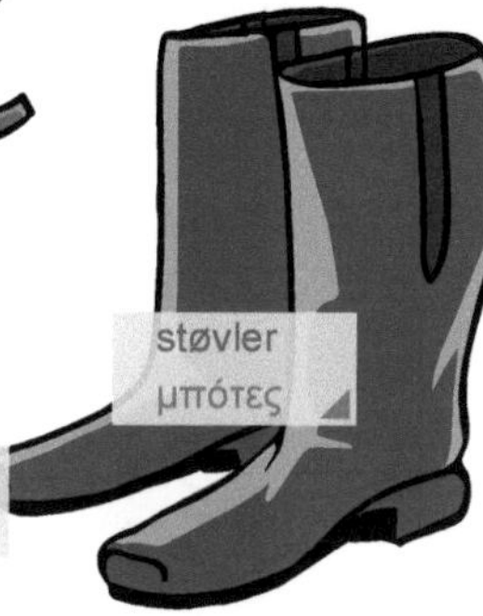

sandaler

σανδάλια

sko

παπούτσια

gummistøvler

γαλότσες

underbukser

εσώρουχο

BH

σουτιέν

undertrøje

φανέλα

tøj - ρούχα

45

body

σώμα

bukser

παντελόνι

jeans

τζιν παντελόνι

nederdel

φούστα

bluse

μπλούζα

skjorte

πουκάμισο

pullover

πουλόβερ

sweatshirt

πουλόβερ

blazer

σακάκι

jakke

μπουφάν

frakke

παλτό

regnfrakke

αδιάβροχο πανωφόρι

kostume

κοστούμι

kjole

φόρεμα

brudekjole

νυφικό

jakkesæt
κοστούμι

nattrøje
νυχτικό

pyjamas
πιτζάμες

sari
σάρι

hovedtørklæde
μαντήλι

turban
τουρμπάνι

burka
μπούρκα

kaftan
καφτάνι

abaya
μουσουλμανικό ένδυμα

badedragt
ολόσωμο μαγιό

badebukser
ανδρικό μαγιό

korte bukser
σορτς

træningsdragt
αθλητική φόρμα

forklæde
ποδιά

handsker
γάντια

knap

κουμπί

briller

γυαλιά

armbånd

βραχιόλι

kæde

περιδέραιο

ring

δαχτυλίδι

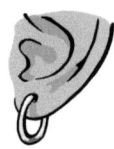

ørering

σκουλαρίκι

hue

καπέλο

bøjle

κρεμάστρα

hat

καπέλο

slips

γραβάτα

lynlås

φερμουάρ

hjelm

κράνος

seler

τιράντες

skoleuniform

μαθητική στολή

uniform

στολή

tøj - ρούχα

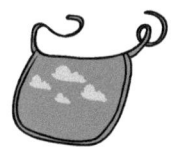

hagesmæk

σαλιάρα

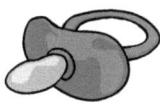

sut

πιπίλα

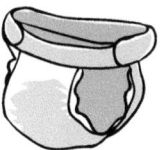

ble

πάνα

kontor
γραφείο

server
σέρβερ
arkivskab
αρχειοθήκη
printer
εκτυπωτής
papir
χαρτί
skærm
οθόνη
mus
ποντίκι
skrivebord
γραφείο
mappe
ντοσιέ
tastatur
πληκτρολόγιο
papirkurv
καλάθι αχρήστων
computer
υπολογιστής
stol
καρέκλα

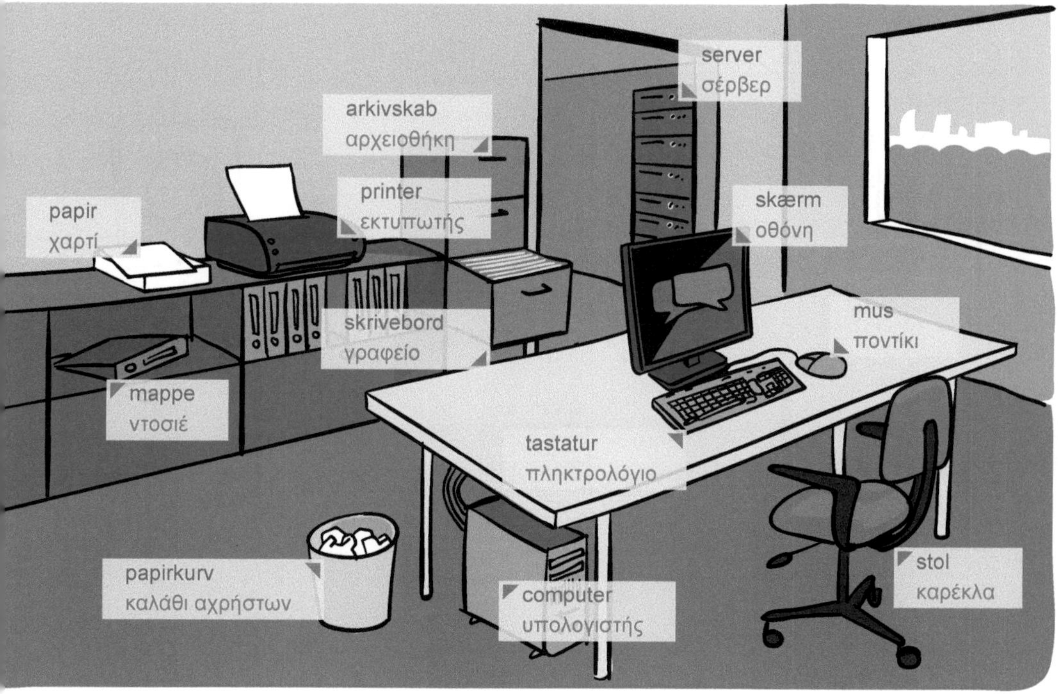

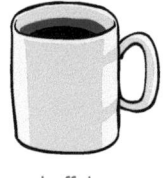

kaffekrus

κούπα του καφέ

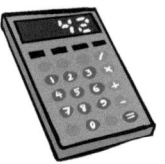

lommeregner

κομπιουτεράκι

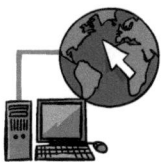

internet

ίντερνετ

bærbar

λάπτοπ

brev

γράμμα

besked

μήνυμα

mobil

κινητό

netværk

δίκτυο

kopimaskine

φωτοτυπικό μηχάνημα

software

λογισμικό

telefon

τηλέφωνο

stikdåse

πρίζα

fax

συσκευή φαξ

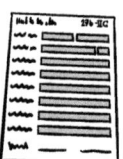

formular

έντυπο

dokument

έγγραφο

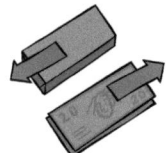

købe

αγοράζω

betale

πληρώνω

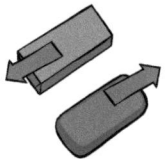

handle

συναλλάσσομαι

penge

χρήματα

dollar

δολάριο

euro

ευρώ

yen

γιεν

 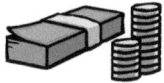

rubel

ρούβλι

schweizerfranc

ελβετικό φράγκο

renminbi yuan

ρενμίνμπι γιουάν

rupee

ρουπία

hæveautomat

ATM (αυτόματη ταμειακή μηχανή)

vekselkontor

ανταλλακτήρια
συναλλάγματος

guld

χρυσός

sølv

ασήμι

olie

πετρέλαιο

energi

ενέργεια

pris

τιμή

kontrakt

συμβόλαιο

skat

φόρος

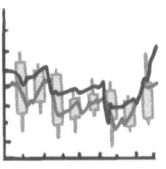

aktie

μετοχή

arbejde

δουλεύω

ansat

υπάλληλος

arbejdsgiver

εργοδότης

fabrik

εργοστάσιο

butik

κατάστημα

økonomi - οικονομία

erhverv
επαγγέλματα

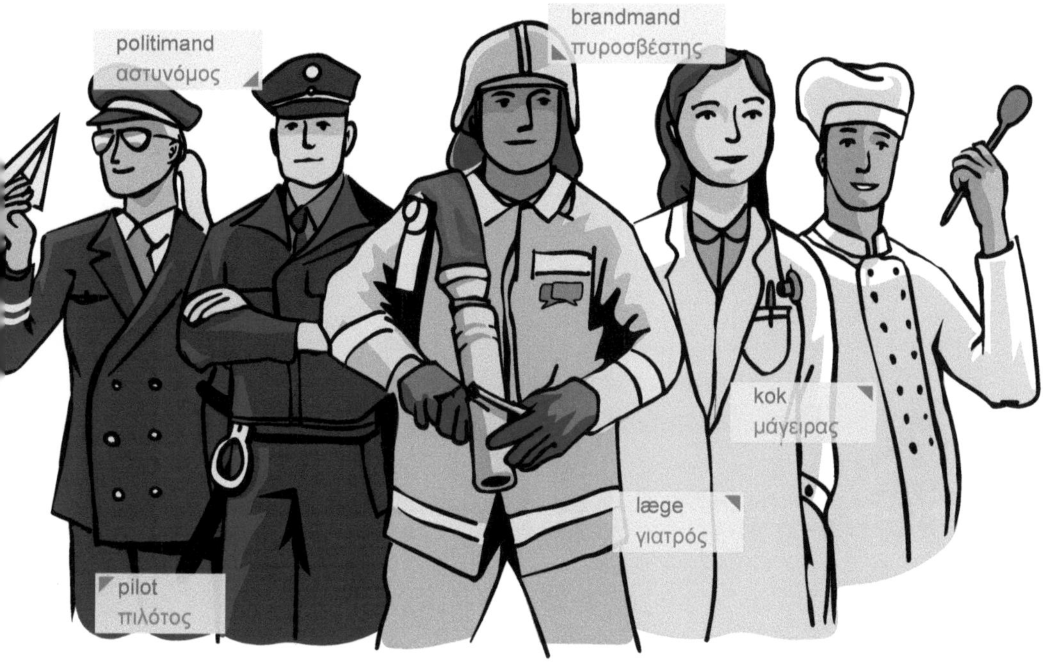

brandmand
πυροσβέστης
politimand
αστυνόμος
kok
μάγειρας
læge
γιατρός
pilot
πιλότος

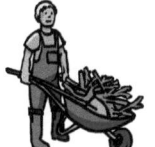

gartner

κηπουρός

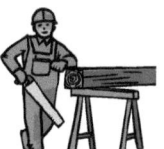

tømrer

ξυλουργός

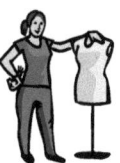

syerske

μοδίστρα

dommer

δικαστής

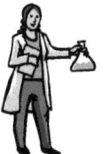

kemiker

χημικός

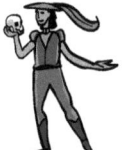

skuespiller

ηθοποιός

buschauffør

οδηγός λεωφορείου

taxachauffør

ταξιτζής

fisker

ψαράς

rengøringskone

καθαρίστρια

tagdækker

τεχνίτης στεγών

tjener

σερβιτόρος

jæger

κυνηγός

maler

ζωγράφος

bager

αρτοποιός

elektriker

ηλεκτρολόγος

bygningsarbejder

οικοδόμος

ingeniør

μηχανολόγος

slagter

κρεοπώλης

vvs-mand

υδραυλικός

postbud

ταχυδρόμος

soldat

στρατιώτης

arkitekt

αρχιτέκτονας

kasserer

ταμίας

blomsterhandler

ανθοπώλης

frisør

κομμωτής

togfører

ελεγκτής εισιτηρίων

mekaniker

μηχανικός

kaptajn

καπετάνιος

tandlæge

οδοντίατρος

videnskabsmand

επιστήμονας

rabbiner

ραβίνος

imam

ιμάμης

munk

μοναχός

præst

ιερέας

værktøj
εργαλεία

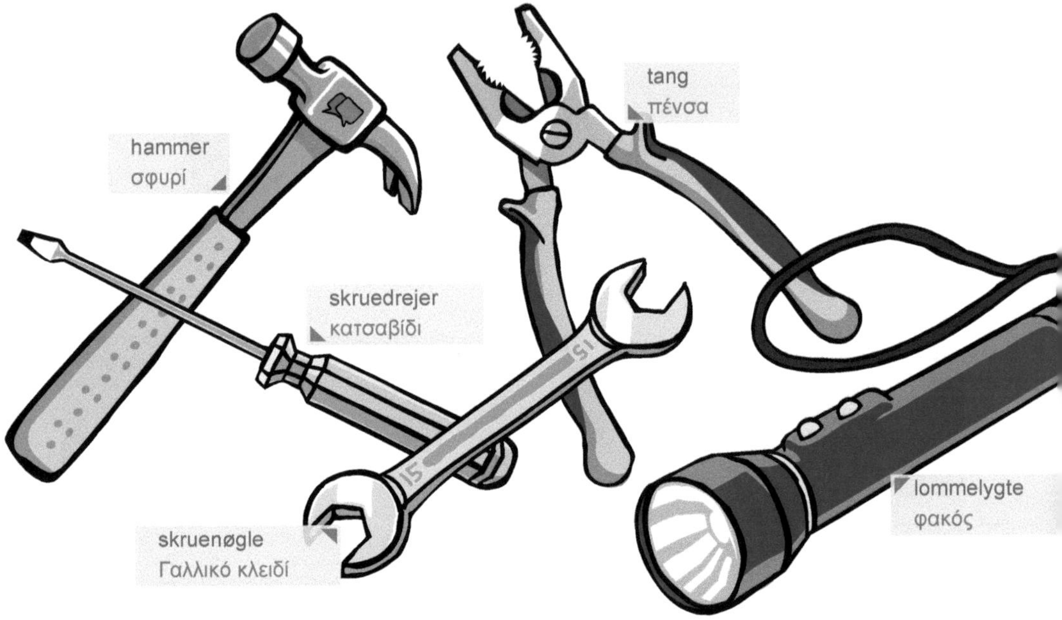
hammer
σφυρί
tang
πένσα
skruedrejer
κατσαβίδι
skruenøgle
Γαλλικό κλειδί
lommelygte
φακός

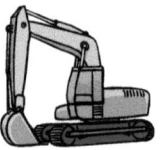

gravemaskine

εκσκαφέας

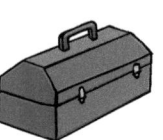

værktøjskasse

εργαλειοθήκη

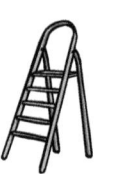

stige

σκάλα

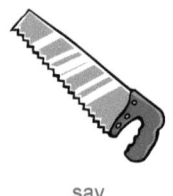

sav

πριόνι

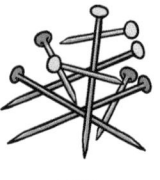

søm

καρφιά

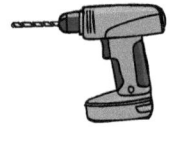

bor

τρυπάνι

reparere

επισκευάζω

skovl

φτυάρι

Lort!

Να πάρει!

fejebakke

φαράσι

malerspand

δοχείο χρωμάτων

skruer

βίδες

musikinstrumenter
μουσικά όργανα

højttaler
μεγάφωνο

trommer
ντραμς

kontrabas
κοντραμπάσο

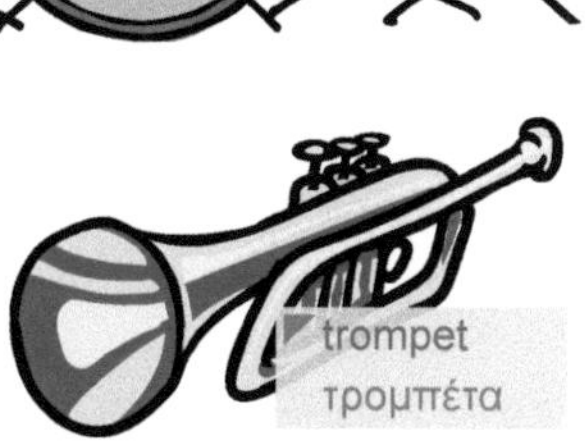

trompet
τρομπέτα

guitar
κιθάρα

klaver

πιάνο

violin

βιολί

bas

μπάσο

pauke

τύμπανα

tromme

τύμπανο

keyboard

πλήκτρα

saxofon

σαξόφωνο

fløjte

φλάουτο

mikrofon

μικρόφωνο

ζωολογικός κήπος

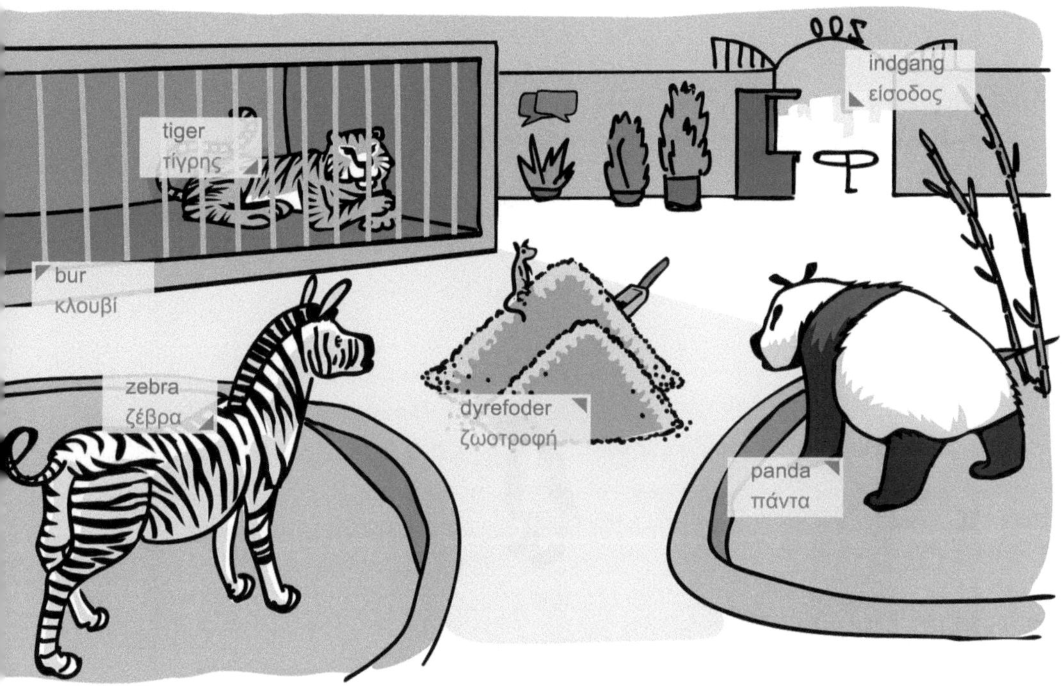
zoo
indgang
είσοδος
tiger
τίγρης
bur
κλουβί
zebra
ζέβρα
dyrefoder
ζωοτροφή
panda
πάντα

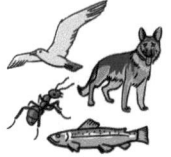

dyr

ζώα

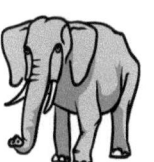

elefant

ελέφαντας

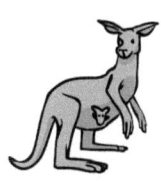

kænguru

καγκουρό

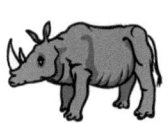

næsehorn

ρινόκερος

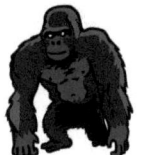

gorilla

γορίλας

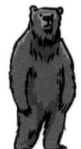

bjørn

αρκούδα

kamel

καμήλα

struds

στρουθοκάμηλος

løve

λιοντάρι

abe

πίθηκος

flamingo

φλαμίνγκο

papegøje

παπαγάλος

isbjørn

πολική αρκούδα

pingvin

πιγκουίνος

haj

καρχαρίας

påfugl

παγώνι

slange

φίδι

krokodille

κροκόδειλος

dyrepasser

φύλακας ζωολογικού κήπου

sæl

φώκια

jaguar

τζάγκουαρ

pony

πόνυ

leopard

λεοπάρδαλη

flodhest

ιπποπόταμος

giraf

καμηλοπάρδαλη

ørn

αετός

vildsvin

αγριογούρουνο

fisk

ψάρι

skildpadde

χελώνα

hvalros

θαλάσσιος ίππος

ræv

αλεπού

gazelle

γαζέλα

zoo - ζωολογικός κήπος

amerikansk football
Αμερικάνικο ποδόσφαιρο

cykling
ποδηλασία

tennis
αντισφαίριση

basketball
μπάσκετ

svømning
κολύμβηση

boksning
πυγχαμία

ishockey
χόκεϋ επί πάγου

fodbold	badminton	atletik
ποδόσφαιρο	μπάντμιντον	στίβος

håndbold	skiløb	polo
χάντμπολ	σκι	πόλο

aktiviteter
δραστηριότητες

springe
πηδάω
give et knus
αγκαλιάζω
grine
γελάω
gå
περπατάω
synge
τραγουδάω
drømme
ονειρεύομαι
bede
προσεύχομαι
kysse
φιλάω

A

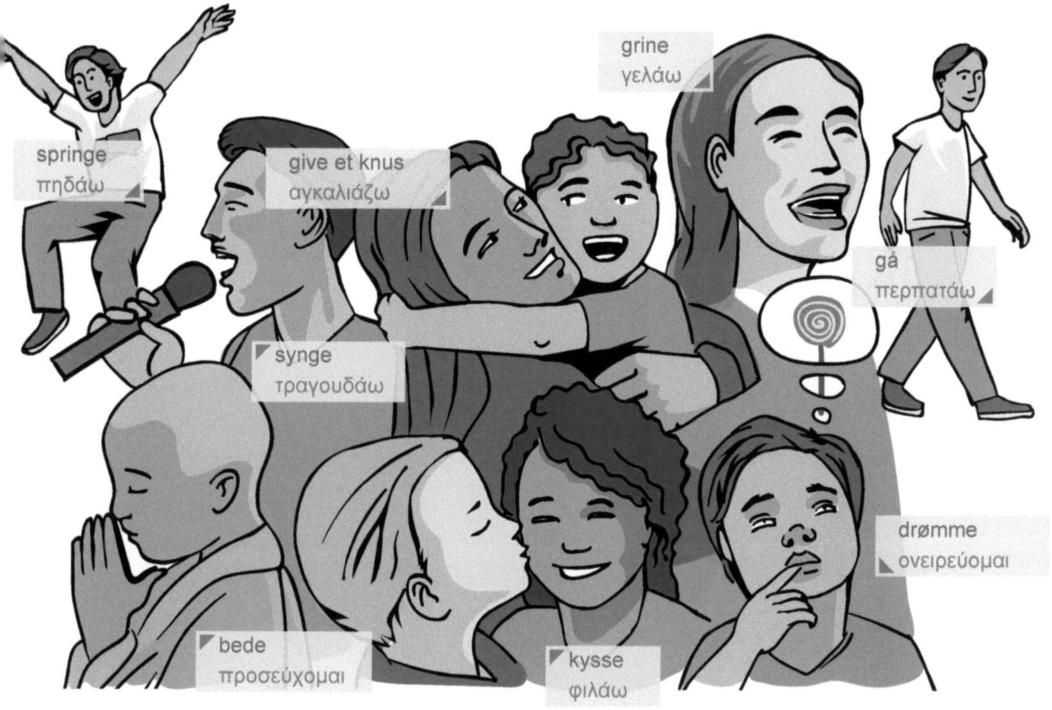

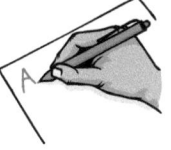

skrive

γράφω

tegne

σχεδιάζω

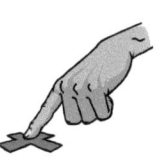

vise

δείχνω

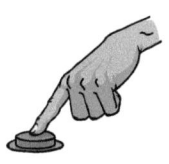

skubbe

πιέζω

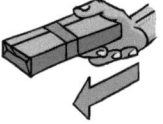

give

δίνω

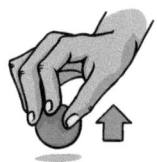

tage

παίρνω

have

έχω

gøre

κάνω

være

είμαι

stå

στέκομαι

løbe

τρέχω

trække

τραβάω

kaste

ρίχνω

falde

πέφτω

ligge

ξαπλώνω

vente

περιμένω

bære

κουβαλώ

sidde

κάθομαι

tage på

φοράω

sove

κοιμάμαι

vågne

ξυπνάω

se på

κοιτάω

græde

κλαίω

ae

χαϊδεύω

kæmme

χτενίζω

tale

μιλάω

forstå

καταλαβαίνω

spørge

ρωτάω

høre

ακούω

drikke

πίνω

spise

τρώω

rydde op

συγυρίζω

elske

αγαπάω

koge

μαγειρεύω

køre

οδηγώ

flyve

πετάω

sejle

κάνω ιστιοπλοΐα

regne

υπολογίζω

læse

διαβάζω

lære

μαθαίνω

arbejde

δουλεύω

gifte sig med

παντρεύομαι

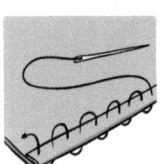

sy

ράβω

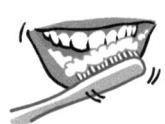

børste tænder

βουρτσίζω τα δόντια

dræbe

σκοτώνω

ryge

καπνίζω

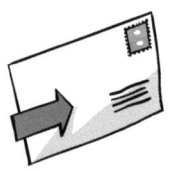

sende

στέλνω

bedstemor
γιαγιά

bedstefar
παππούς

far
πατέρας

mor
μητέρα

baby
μωρό

datter
κόρη

søn
γιος

gæst
καλεσμένος

tante
θεία

onkel
θείος

bror
αδελφός

søster
αδελφή

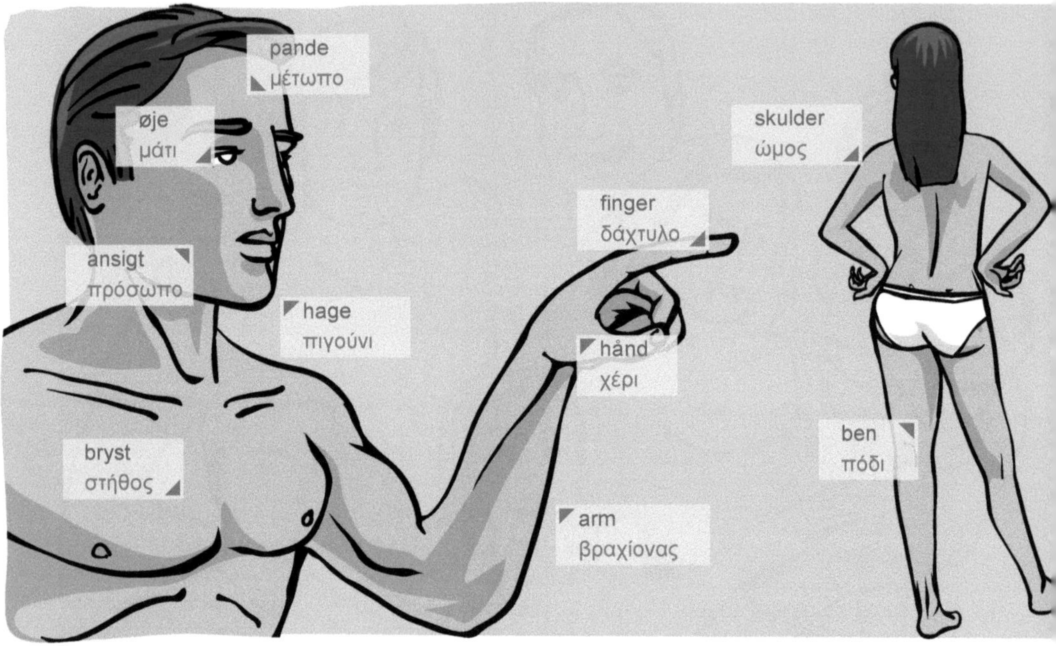

pande
μέτωπο

øje
μάτι

skulder
ώμος

finger
δάχτυλο

ansigt
πρόσωπο

hage
πιγούνι

hånd
χέρι

bryst
στήθος

ben
πόδι

arm
βραχίονας

baby

μωρό

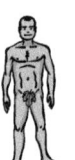

mand

άνδρας

kvinde

γυναίκα

pige

κορίτσι

dreng

αγόρι

hoved

κεφάλι

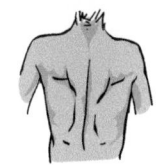

ryg

πλάτη

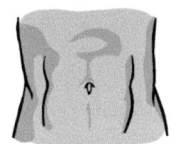

mave

κοιλιά

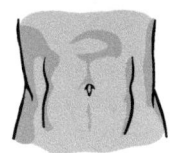

navle

αφαλός

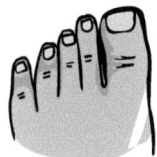

tå

δάχτυλο ποδιού

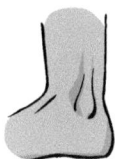

hæl

φτέρνα

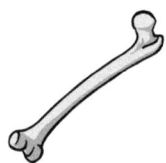

knogle

κόκκαλο

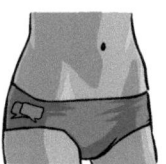

hofte

γοφός

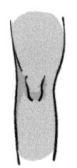

knæ

γόνατο

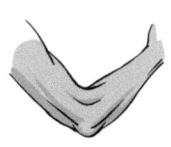

albue

αγκώνας

næse

μύτη

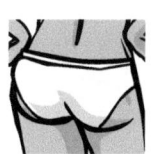

bagdel

γλουτός

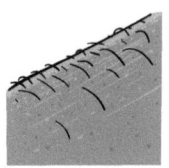

hud

δέρμα

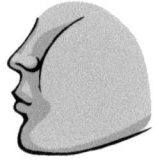

kind

μάγουλο

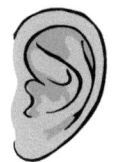

øre

αυτί

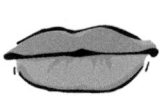

læbe

χείλος

mund

στόμα

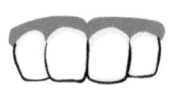

tand

δόντι

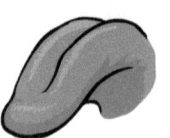

tunge

γλώσσα

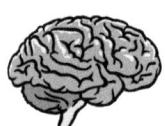

hjerne

εγκέφαλος

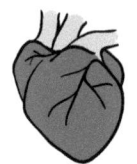

hjerte

καρδιά

muskel

μυς

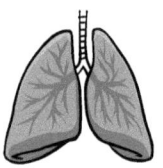

lunge

πνεύμονας

lever

συκώτι

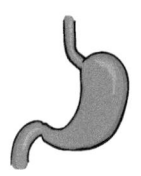

mavesæk

στομάχι

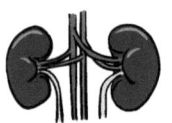

nyrer

νεφρά

sex

σεξουαλική επαφή

kondom

προφυλακτικό

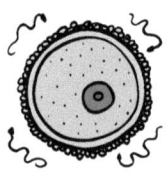

ægcelle

ωάριο

sperm

σπέρμα

svangerskab

εγκυμοσύνη

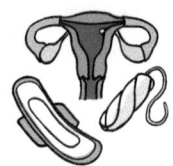

menstruation
περίοδος

vagina
γυναικείος κόλπος

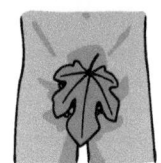

penis
πέος

øjenbryn
φρύδι

hår
μαλλιά

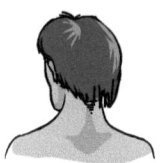

hals
λαιμός

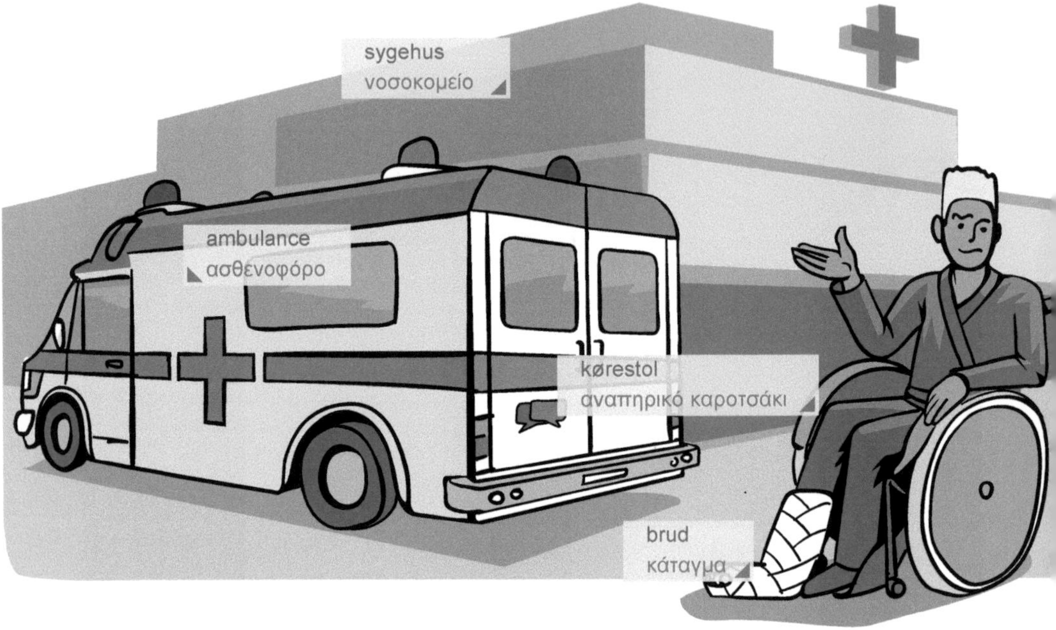

sygehus
νοσοκομείο

ambulance
ασθενοφόρο

kørestol
αναπηρικό καροτσάκι

brud
κάταγμα

læge

γιατρός

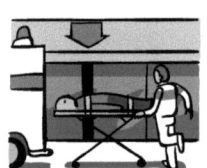

akutmodtagelse

μονάδα εντατικής θεραπείας

sygeplejerske

νοσοκόμα

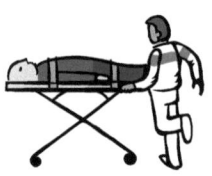

nødstilfælde

έκτακτη ανάγκη

bevidstløs

λιπόθυμος

smerte

πόνος

skade

τραύμα

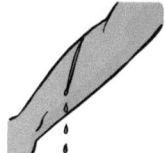

blødning

αιμορραγία

hjerteinfarkt

έμφραγμα

slagtilfælde

εγκεφαλικό

allergi

αλλεργία

hoste

βήχας

feber

πυρετός

influenza

γρίπη

diarré

διάρροια

hovedpine

πονοκέφαλος

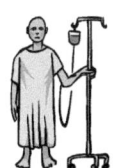

kræft

καρκίνος

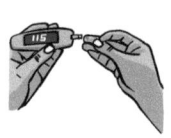

diabetes

διαβήτης

kirurg

χειρουργός

skalpel

νυστέρι

operation

εγχείρηση

CT

αξονική τομογραφία

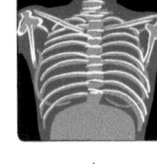

røntgen

ακτινογραφία

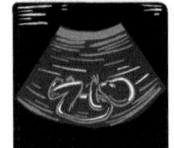

ultralyd

υπέρηχος

maske

μάσκα

sygdom

ασθένεια

venteværelse

αίθουσα αναμονής

krykke

πατερίτσα

plaster

χάνσαπλαστ

forbinding

επίδεσμος

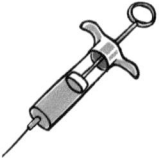

injektion

ένεση

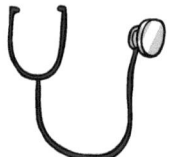

stetoskop

στηθοσκόπιο

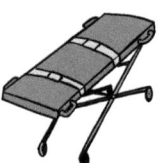

båre

φορείο

termometer

θερμόμετρο

fødsel

γέννηση

overvægt

υπέρβαρο

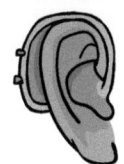

høreapparat

ακουστικό βαρηκοΐας

desinficerende middel

αντισηπτικό

infektion

λοίμωξη

virus

ιός

HIV / AIDS

HIV/AIDS

medicin

φάρμακο

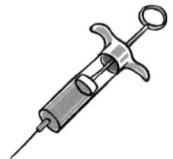

vaccination

εμβολιασμός

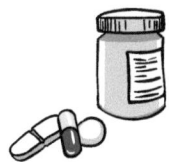

tabletter

δισκία

pille

χάπι

nødopkald

κλήση έκτακτης ανάγκης

blodtryksmåler

πιεσόμετρο αίματος

syg / rask

άρρωστος / υγιής

Hjælp!
Βοήθεια!

alarm
συναγερμός

overfald
βιαιοπραγία

angreb
επίθεση

fare
κίνδυνος

nødudgang
έξοδος κινδύνου

Det brænder!
Φωτιά!

ildslukker
πυροσβεστήρας

uheld
ατύχημα

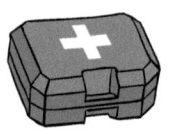

førstehjælps-kuffert
κουτί πρώτων βοηθειών

SOS
SOS

politi
αστυνομία

Europa

Ευρώπη

Nordamerika

Βόρεια Αμερική

Sydamerika

Νότια Αμερική

Afrika

Αφρική

Asien

Ασία

Australien

Αυστραλία

Atlanterhavet

Ατλαντικός Ωκεανός

Stillehavet

Ειρηνικός Ωκεανός

Indiske Ocean

Ινδικός Ωκεανός

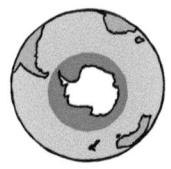

Sydlige Ishav

Ανταρκτικός Ωκεανός

Ishav

Αρκτικός Ωκεανός

Nordpol

Βόρειος Πόλος

Sydpol

Νότιος Πόλος

Antarktis

Ανταρκτική

Jorden

Γη

land

γη

hav

θάλασσα

ø

νησί

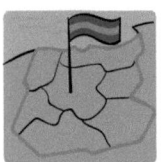

nation

έθνος

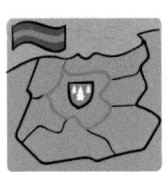

stat

πολιτεία

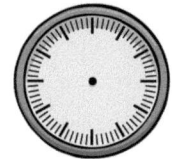

urskive

καντράν ρολογιού

timeviser

ωροδείκτης

minutviser

λεπτοδείκτης

sekundviser

δείκτης δευτερολέπτων

Hvad er klokken?

Τι ώρα είναι;

dag

ημέρα

tid

χρόνος

nu

τώρα

digitalur

ψηφιακό ρολόι

minut

λεπτό

time

ώρα

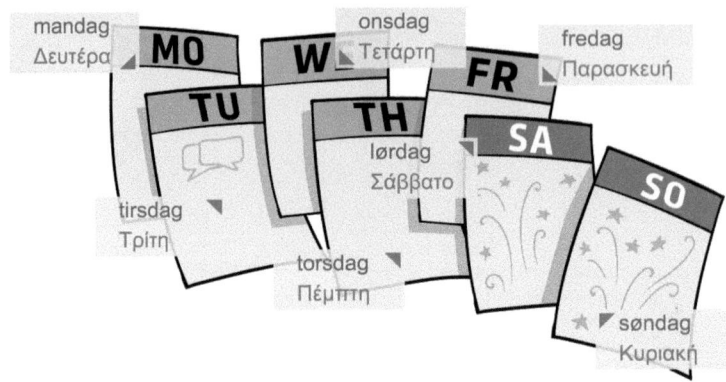

mandag
Δευτέρα

onsdag
Τετάρτη

fredag
Παρασκευή

tirsdag
Τρίτη

torsdag
Πέμπτη

lørdag
Σάββατο

søndag
Κυριακή

i går
χθες

i dag
σήμερα

i morgen
αύριο

morgen
πρωί

middag
μεσημέρι

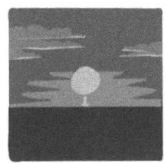

aften
βράδυ

arbejdsdage
εργάσιμες ημέρες

weekend
Σαββατοκύριακο

år
έτος

regn
βροχή
regnbue
ουράνιο τόξο
vind
άνεμος
sne
χιόνι
forår
άνοιξη
sommer
καλοκαίρι
efterår
φθινόπωρο
vinter
χειμώνας

4.APRIL 11°
5.APRIL 4°
6.APRIL 13°
7.APRIL 8°
8.APRIL 10°

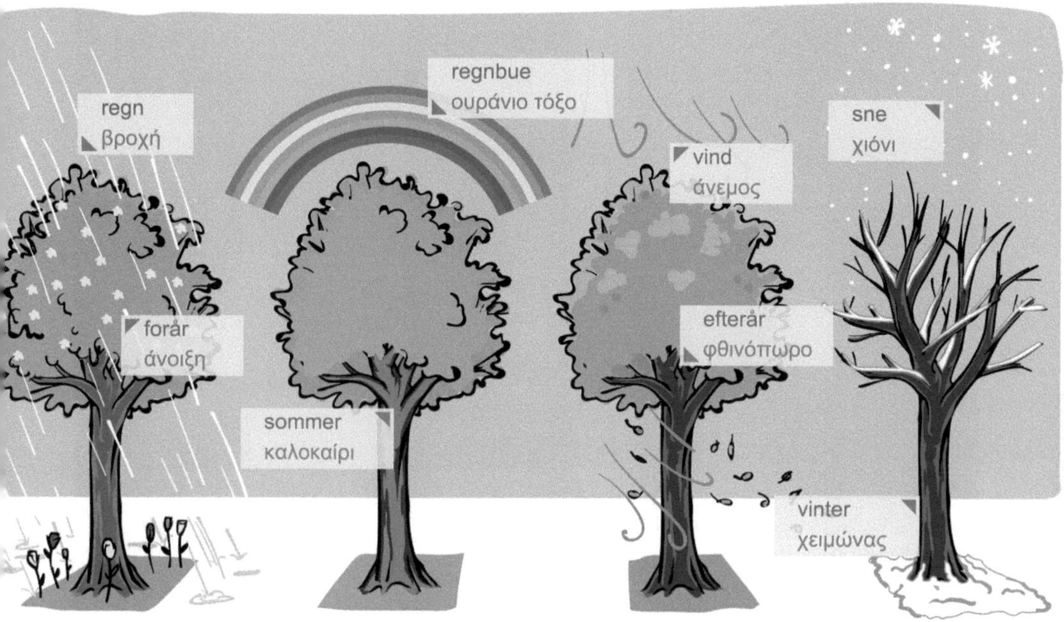

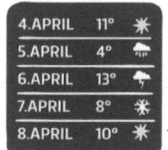

vejrudsigt

πρόγνωση καιρού

F C
120 90 60 30 0 -30
40 30 20 10 0 -10 -20

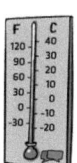

termometer

θερμόμετρο

solskin

λιακάδα

sky

σύννεφο

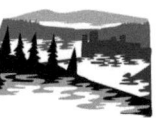

tåge

ομίχλη

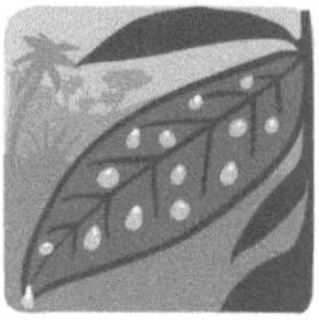

luftfugtighed

υγρασία

lyn

αστραπή

torden

κεραυνός

storm

καταιγίδα

hagl

χαλάζι

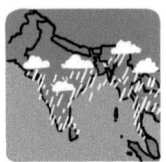

monsun

μουσώνας

flod

πλημμύρα

is

πάγος

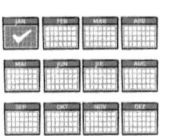

januar

Ιανουάριος

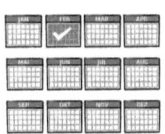

februar

Φεβρουάριος

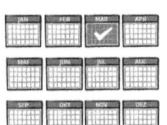

marts

Μάρτιος

april

Απρίλιος

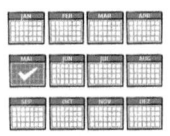

maj

Μάιος

juni

Ιούνιος

juli

Ιούλιος

august

Αύγουστος

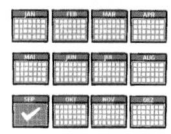

september

Σεπτέμβριος

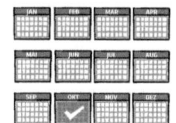

oktober

Οκτώβριος

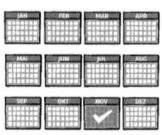

november

Νοέμβριος

december

Δεκέμβριος

former

σχήματα

cirkel

κύκλος

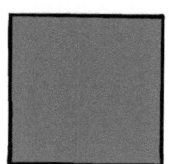

kvadrat

τετράγωνο

firkant

ορθογώνιο
παραλληλόγραμμο

trekant

τρίγωνο

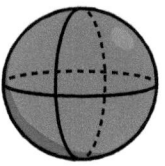

kugle

σφαίρα

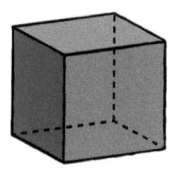

terning

κύβος

hvid

άσπρο

gul

κίτρινο

orange

πορτοκαλί

pink

ροζ

rød

κόκκινο

lilla

μωβ

blå

μπλε

grøn

πράσινο

brun

καφέ

grå

γκρι

sort

μαύρο

meget / lidt

πολύ / λίγο

rasende / fredelig

θυμωμένος / ήρεμος

smuk / grim

όμορφος / άσχημος

begyndelse / slut

αρχή / τέλος

stor / lille

μεγάλος / μικρός

lys / mørk

φωτεινός / σκοτεινός

bror / søster

αδελφός / αδελφή

ren / snavset

καθαρός / λερωμένος

fuldkommen / ufuldkommen

πλήρης / ατελής

dag / nat

ημέρα / νύχτα

død / levende

νεκρός / ζωντανός

bred / smal

φαρδύς / στενός

spiselig / uspiselig

βρώσιμος / μη βρώσιμος

vred / venlig

κακός / ευγενικός

ophidset / kedet

ενθουσιασμένος /
βαριεστημένος

tyk / tynd

παχύς / λεπτός

først / sidst

πρώτος / τελευταίος

ven / fjende

φίλος / εχθρός

fuld / tom

γεμάτος / άδειος

hård / blød

σκληρός / μαλακός

tung / let

βαρύς / ελαφρύς

sult / tørst

πείνα / δίψα

syg / rask

άρρωστος / υγιής

illegal / legal

παράνομος / νόμιμος

intelligent / dum

έξυπνος / χαζός

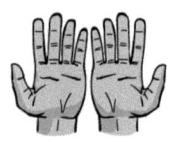

venstre / højre

αριστερός / δεξιός

nær / fjern

κοντινός / μακρινός

ny / brugt

καινούριος /
μεταχειρισμένος

intet / noget

τίποτα / κάτι

gammel / ung

γέρος | νέος

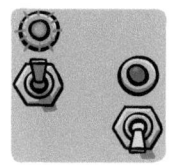

tændt / slukket

αναμμένος / σβηστός

åben / lukket

ανοιχτός / κλειστός

stille / højt

χαμηλόφωνος /
μεγαλόφωνος

rig / fattig

πλούσιος / φτωχός

rigtig / forkert

σωστός / λανθασμένος

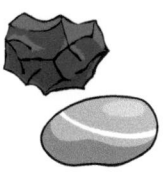

ru / glat

τραχύς / λείος

ked af det / lykkelig

λυπημένος / χαρούμενος

kort / lang

κοντός / μακρύς

langsom / hurtig

αργός / γρήγορος

våd / tør

υγρός / στεγνός

varm / kold

ζεστός / δροσερός

krig / fred

πόλεμος / ειρήνη

0
nul
μηδέν

1
en
ένα

2
to
δύο

3
tre
τρία

4
fire
τέσσερα

5
fem
πέντε

6
seks
έξι

7
syv
εφτά

8
otte
οκτώ

9
ni
εννιά

10
ti
δέκα

11
elleve
έντεκα

12

tolv

δώδεκα

13

tretten

δεκατρία

14

fjorten

δεκατέσσερα

15

femten

δεκαπέντε

16

seksten

δεκαέξι

17

sytten

δεκαεφτά

18

atten

δεκαοκτώ

19

nitten

δεκαεννέα

20

tyve

είκοσι

100

hundrede

εκατό

1.000

tusinde

χίλια

1.000.000

million

εκατομμύριο

engelsk

Αγγλικά

amerikansk engelsk

Αμερικάνικα Αγγλικά

kinesisk mandarin

Μανδαρίνικα Κινέζικα

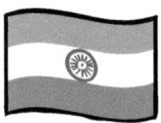

hindi

Χίντι

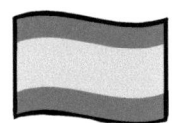

spansk

Ισπανικά

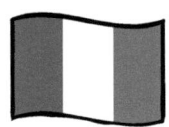

fransk

Γαλλικά

arabisk

Αραβικά

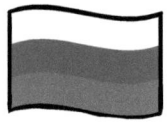

russisk

Ρώσικα

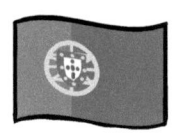

portugisisk

Πορτογαλικά

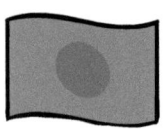

bengalsk

Μπενγκάλι

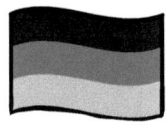

tysk

Γερμανικά

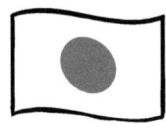

japansk

Ιαπωνικά

jeg

εγώ

du

εσύ

han / hun / den / det

αυτός / αυτή / αυτό

vi

εμείς

I

εσείς

de

αυτοί / αυτές / αυτά

hvem?

ποιος / ποια / ποιο;

hvad?

τι;

hvordan?

πώς;

hvor?

πού;

hvornår?

πότε;

navn

όνομα

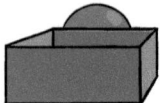

bag

πίσω

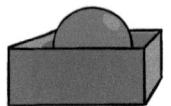

i

μέσα

foran

μπροστά

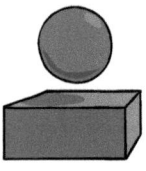

over

πάνω από

på

πάνω

under

κάτω

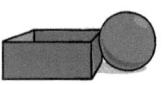

ved siden af

δίπλα

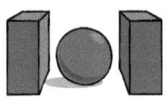

imellem

ανάμεσα

sted

μέρος